AF233738

—

NOTICE

sur le

PROTECTORAT FRANÇAIS
du Maroc

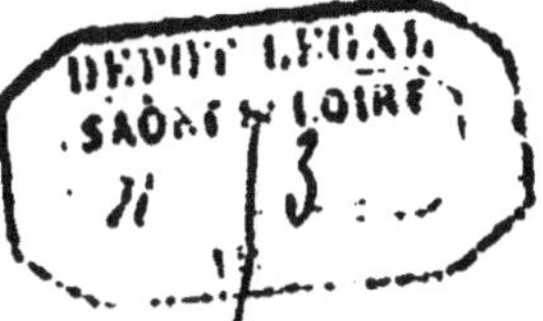

Phot. L.L. Rizzau

UNE RUE DE FEZ

EN DÉPOT

A l'Office du Gouvernement Chérifien
et du Protectorat de la République Française au Maroc
34, GALERIE D'ORLÉANS, PALAIS-ROYAL, PARIS

8° O³ j
331

PROTECTORAT DE LA RÉPUBLIQUE FRANÇAISE AU MAROC

Direction de l'Agriculture, du Commerce et de la Colonisation.
Service des Études et Renseignements Économiques

NOTICE

SUR LE

PROTECTORAT FRANÇAIS

du Maroc

1916

Cette notice a été dressée par les soins de la Direction de l'Agriculture, du Commerce et de la Colonisation (Service des Études et Renseignements économiques) de la Résidence générale de France et de l'Office du Gouvernement Chérifien et du Protectorat de la République française au Maroc.

———

L'Office du Gouvernement Chérifien et du Protectorat de la République Française au Maroc, institué par arrêté résidentiel en date du 3 juillet 1913, a pour objet :

1° De centraliser et de mettre à la disposition du public les renseignements de toute nature concernant l'agriculture, le commerce, l'industrie, les travaux publics et les conditions du travail dans l'Empire Chérifien ;

2° De renseigner les colons français établis au Maroc et les indigènes sur les débouchés offerts aux produits marocains ;

3° De faire connaître par l'intermédiaire des Chambres de Commerce, des groupements professionnels, et par la presse, les ressources économiques du Maroc ;

4° D'assurer la participation du Protectorat aux Expositions.

———

D'autre part, la Direction de l'Agriculture, du Commerce et de la Colonisation de la Résidence Générale de France au Maroc est en mesure de fournir à tout demandeur des renseignements d'ordre commercial, agricole, industriel, concernant le Maroc.

Le Protectorat Français du Maroc

VOYAGES

L'Administration n'accorde ni passages gratuits ni réduction sur les prix de transport.

A. — Maroc Occidental.

Le service est assuré principalement par deux Compagnies françaises de navigation qui relient Marseille et Bordeaux aux ports du Protectorat :

1º La Compagnie de Navigation Paquet

Outre de fréquents départs supplémentaires, la *Compagnie de Navigation Paquet* assure, dans chaque sens, les relations *Marseille-Tanger-Casablanca*, au moyen de **4 départs par mois**, effectués par des paquebots rapides munis de la T. S. F. et très confortables ; de même, un service régulier hebdomadaire fonctionne entre *Oran* et la *Côte Marocaine*, aller et retour.

On peut s'adresser au *Bureau des Passages de la Compagnie de Navigation Paquet, 4, place Sadi-Carnot, à Marseille*, ou aux *Agents de cette Compagnie à Casablanca, Rabat, Tanger, Mazagan, Saffi, Mogador*, pour se renseigner sur les dates exactes des départs et faire retenir sa place à bord des paquebots. Agence à Paris, 51, faubourg Montmartre.

TARIFS DE TRANSPORT

Départs de ou pour Tanger.

Les voyageurs partant de Paris et de Lyon-Perrache à destination de Tanger, ou vice versa, ont à leur disposition des billets directs via Marseille, délivrés aux prix suivants et valables pour les paquebots rapides de la Compagnie Paquet :

	en 1re classe	en 2e classe	en 3e classe et 2e entrepont
	fr. c.	fr. c.	fr. c.
Paris	187 85	132 »	88 70
Lyon-Perrache	139 60	96 60	»

Les voyageurs en provenance ou à destination d'une autre gare ont à se munir d'un billet pour le parcours par chemin de fer entre cette gare et Marseille. La Compagnie Paquet délivre des billets de passage valables par les paquebots rapides entre Marseille et Tanger ou vice versa aux prix suivants :

1re classe	2e classe	2e entrepont	Pont
125 fr.	90 fr.	60 fr.	30 fr.

Les voyageurs sont tenus de pourvoir, par leurs propres moyens, dans un cas comme dans l'autre, au transport de leur personne, de la gare de Marseille au quai d'embarquement, ou vice versa, ainsi qu'à leur embarquement et à leur débarquement à Tanger.

Départs de ou pour Casablanca.

Les voyageurs ont à se munir, selon le cas, d'un billet de chemin de fer de ou pour Marseille ou d'un billet direct de ou pour Tanger. La Compagnie Paquet délivre des billets de passage valables entre Marseille et Tanger d'une part, Casablanca d'autre part, pour les paquebots rapides, aux prix suivants :

	1re classe	2e classe	2e entre-pont	Pont
	fr.	fr.	fr.	fr.
Marseille-Casablanca..	150	120	80	50
Tanger-Casablanca....	40	50	20	»

La Compagnie Paquet délivre aux porteurs de billets directs de Paris à Tanger, ou vice versa, des coupons supplémentaires valables entre Tanger et Casablanca, qui font ressortir pour l'ensemble du parcours Paris-Casablanca les prix suivants :

	en 1re classe	en 2e classe	en 3e classe et 2e entrepont
	fr. c.	fr.	fr. c.
Paris-Casablanca......	217 85	160	108 70

Ces coupons supplémentaires peuvent être délivrés à la *gare et aux bureaux de Ville P.-L.-M. de Paris*; à *l'agence de la Cie Paquet à Paris ou à Marseille*. Pour le retour, *s'adresser aux agences P.-L.-M. ou de la Cie Paquet, à Casablanca*.

Les passagers et leurs bagages sont transportés en rade de Casablanca, depuis le paquebot jusqu'au quai ou réciproquement, par un service de vedettes spécial à la Compagnie Paquet; le passager arrivant à Casablanca qui veut utiliser ce service n'a qu'à faire part de son désir au maître d'hôtel et, sans se préoccuper de rien, à se rendre, une fois à terre, au Magasin de Douane pour opérer le dédouanement de ses colis.

Tarif du transbordement entre le navire et la terre, y compris, pour les bagages, s'il y a lieu, leurs frais de conduite au Magasin : par passager, 2 fr. 50; par colis à la main, 0 fr. 30; par colis de moins de 50 kilogs, 0 fr. 60; entre 50 et 100 kilogs, 1 fr. 25; entre 100 et 150 kilogs, 2 francs.

Nota. — *Ces taxes de transbordement à Casablanca ne sont applicables que par beau temps; en cas de mauvais temps (signalé par le drapeau bleu et blanc), elles seraient doublées.*

La Compagnie Paquet assure également deux fois par mois un service sur les ports de Casablanca, Mazagan, Saffi, Mogador.

Ces départs sont effectués par des bateaux moins rapides que ceux des 1er, 9, 16 et 24.

Les départs ont lieu de Marseille à 10 heures du matin pour **TANGER, CASABLANCA, MAZAGAN, SAFFI et MOGADOR.**

Ces vapeurs ne prennent pas ordinairement de marchandises pour Casablanca, afin de réduire au minimum leur séjour sur cette rade.

TARIF DES PASSAGES POUR LES PORTS DU MAROC

de MARSEILLE à : (ou vice versa)	1re classe	2e classe	Pont
	fr.	fr.	fr.
Tanger......................	70	50	30
Casablanca	100	70	50
Mazagan....................	110	75	55
Saffi.......................	120	80	60
Mogador....................	120	80	60

Nourriture. — Contrairement aux prix du tarif applicable par les bateaux rapides, ces prix ne comprennent pas la nourriture qui se paie en sus à raison de **8** francs en première classe, **6** francs en deuxième classe et **3** francs sur le pont, par personne et par jour.

BAGAGES. — La franchise pour bagages est de :

1re classe, 100 kil. — 2e classe, 60 kil. — Pont, 30 kil.

BILLETS D'ALLER ET RETOUR. — Il est délivré des billets d'aller et retour, bénéficiant d'une réduction de **15** % sur le net, valables pour six mois.

ENFANTS. — Les enfants de 2 à 10 ans paient 1/2 place.

Les départs de Marseille ont lieu du quai des Anglais.

La Compagnie Paquet dessert enfin les ports fluviaux de **LARACHE et RABAT.**

Il est nécessaire de consulter la Compagnie pour les départs sur ces deux ports, qui sont desservis par des bateaux supplémentaires.

Les voyageurs qui se rendent directement de la gare à l'embarcadère des paquebots ou vice versa peuvent utiliser les **Omnibus de Famille** à 4 places (200 kilogs de bagages) ou à 6 places (300 kilogs); ils peuvent les retenir par lettre ou télégramme adressé à leurs frais au Chef de gare de Marseille-Saint-Charles.

ENREGISTREMENT DIRECT DES BAGAGES
DE ET POUR CASABLANCA

Sens de la France sur le Maroc.

Les bagages des voyageurs présentant en même temps un titre de transport à destination soit de Marseille, soit de Tanger, soit de Casablanca et un avis quelconque de la Compagnie Paquet, lettre ou dépêche, constatant que le voyageur a bien sa place retenue sur le paquebot, peuvent être enregistrés directement pour Casablanca par les gares de :

Aix-les-Bains	Clermont-Ferrand	Nimes
Annecy	Dijon-Ville	Paris
Belfort	Evian-les-Bains	Pontarlier
Bellegarde	Genève-Cornavin	Saint-Étienne
Besançon-Viotte	Grenoble	Thonon-les-Bains
Cette	Le Creusot	Toulon
Chambéry	Lyon-Brotteaux	Vals-les-Bains-la-Bégude
Chamonix	Lyon-Perrache	Vichy
Châtel-Guyon	Modane	Vintimille

Les voyageurs qui font enregistrer leurs bagages directement de ces gares à Casablanca sont délivrés de tout souci en cours de route et n'ont qu'à se présenter au Magasin de Douane de Casablanca pour y retirer leurs colis, après dédouanement.

Sens du Maroc sur la France.

L'Agence de Casablanca de la Compagnie de Navigation Paquet enregistre directement, à destination des gares P.-L.-M.

ci-après, les bagages des voyageurs porteurs des billets de place
utiles :

Annecy	Cette	Pontarlier
Belfort	Lyon-Perrache	Paris
Bellegarde	Modane	Vintimille

Les voyageurs n'ont qu'à se présenter aux magasins de douane,
dans ces gares, pour retirer les colis après dédouanement, sans
avoir à se préoccuper de quoi que ce soit en cours de route.

La Compagnie P.-L.-M. possède à **Casablanca** une **Agence,
Boulevard de l'Horloge,** où sont délivrés les billets de chemins de
fer qui peuvent être nécessaires pour l'enregistrement direct des
bagages.

2° La Compagnie Générale Transatlantique

*Bureaux : 6, rue Auber, à Paris, et 15, quai Louis XVIII, à
Bordeaux.*

SERVICE RAPIDE BI-MENSUEL
entre

BORDEAUX ET CASABLANCA
par "MARTINIQUE"
Paquebot-poste des Lignes des Antilles
muni de la T. S. F.

Départs de **Bordeaux** les 10 et 25.
— **Casablanca** les 3 et 18.

HORAIRES

LIGNE A	ARRIVÉE	DÉPART
Bordeaux	—	10 au soir
Casablanca........................	11	18 au soir
Bordeaux	22	—
LIGNE A	ARRIVÉE	DÉPART
Bordeaux	—	25 au soir
Casablanca........................	29	3 au soir
Bordeaux	7	—

TARIF DES PASSAGES

DE BORDEAUX A CASABLANCA ET VICE VERSA	PRIX
1re classe	140 fr.
2e classe	110 fr.
3e classe	70 fr.

Péage à Bordeaux en sus. — Nourriture et vin compris.
Sous réserves de modifications.

Ligne directe Paris-Casablanca-via Bordeaux

Billets directs délivrés à Paris-Quai d'Orsay, Orléans, Tours, Limoges et Gannat pour Casablanca via Bordeaux ou vice versa.

Des gares ci-après à Casablanca ou vice versa	Billets simples			Billets aller et retour		
	1re cl.	2e cl.	3e cl.	1re cl.	2e cl.	3e cl.
Paris-Quai d'Orsay	205.85	151.15	99 »	328.81	251.10	161.35
Orléans	192.20	145.25	92.95	308.30	236.35	151.75
Tours	179.55	136.70	87.40	289.30	222.77	142.85
Limoges Bénédictins	165.85	127.45	81.40	268.80	207.95	133.20
Gannat	190.85	144.30	92.35	306.25	231.90	150.80

Les billets des parcours ci-dessus peuvent être également délivrés en classe différente pour le chemin de fer et le bateau. Les gares et les agences de la Compagnie Transatlantique fourniront à ce sujet tous renseignements utiles aux voyageurs quant aux tarifs.

Les prix ci-dessus comprennent les frais de nourriture sur les paquebots, mais non les droits de péage à Bordeaux ni les frais de confection des billets et le coût des timbres de dimension et de quittance.

Validité des billets directs. — Billets simples : 15 jours. Billets aller et retour : 3 mois, avec faculté de prolongation d'une ou deux périodes de 30 jours, moyennant supplément.

Débarquement et embarquement à Casablanca. — Le transport des passagers entre le point de stationnement en rade du paquebot et le port de Casablanca ou *vice versa* est assuré par les soins de la Compagnie Transatlantique moyennant une taxe de 2 fr. 50 par personne et par opération de débarquement ou d'embarquement, à ajouter au prix des billets ci-contre [1]. *Cette organisation délivre le passager de tout souci relativement au débarquement et à l'embarquement.*

Bagages. — Les bagages de cale sont enregistrés directement de Paris-Quai d'Orsay, Orléans, Tours, Limoges et Gannat, pour Casablanca-Magasin. Moyennant une taxe spéciale par colis (0 fr. 60 au-dessous de 50 kil., 1 fr. 25 de 50 à 100 kil., 2 francs au-dessus de 100 kil.), à ajouter au prix d'enregistrement [1], ils sont ainsi transportés à leur débarquement et par les soins de la Compagnie Transatlantique dans un local spécial de celle-ci où a lieu le dédouanement.

En sens inverse, et en raison de la nécessité d'un dédouanement à Bordeaux, les bagages sont enregistrés seulement pour ce dernier port, le transport entre le port de Casablanca et le paquebot stationné en rade étant d'autre part assuré par la Compagnie Transatlantique moyennant les taxes ci-dessus.

A Bordeaux, la Compagnie Transatlantique assure après le dédouanement l'enregistrement des bagages pour Paris-Quai d'Orsay et les autres villes dénommées ci-dessus. Elle se charge aussi du transport des colis des quais à la gare moyennant une taxe spéciale.

La Cie Transatlantique assure également les relations de Casablanca avec Mazagan, Saffi et Mogador.

En raison de l'irrégularité éventuelle de ces services, se renseigner à Casablanca. Certains d'entre eux sont généralement en correspondance avec les services rapides de Bordeaux.

---

1. Ces taxes spéciales ne sont toutefois pas perçues quand il s'agit de militaires ou de familles de militaires, cette catégorie de voyageurs étant débarquée ou embarquée par les soins de la Direction du Port.

TARIF DES PASSAGES
par le Service accéléré BORDEAUX-MAROC
(pour passagers de 2e et 3e classes)

De Bordeaux	A Casablanca	A Mazagan	A Saffi	A Mogador
2e classe......	110 fr.	135 fr.	145 fr.	160 fr.
3e classe......	70 fr,	90 fr.	100 fr.	110 fr.

Péage à Bordeaux en sus. — Nourriture et vin compris.
Sous réserve de modification.

Pour plus amples renseignements, s'adresser notamment :

A Paris : A la gare du Quai d'Orsay ;

A l'Agence spéciale de la Cie d'Orléans, 16, boulevard des Capucines ;

A la Cie Transatlantique, 6, rue Auber.

A Bordeaux : A la Cie Transatlantique, 15, quai Louis XVIII.

A Casablanca : A la Banque Commerciale du Maroc, rue du Commandant-Provost.

B. — Maroc oriental.

Un service de la Compagnie Générale Transatlantique conduit de Marseille à Oran (1re classe, 100 francs ; 2e classe, 75 francs ; 3e classe, 40 francs ; pont, 15 francs). — D'Oran à Marnia, chemin de fer de l'Ouest Algérien (1re classe, 22 fr. 20 ; 2e classe, 15 fr. 85 ; 3e classe, 11 fr. 90). Un service de messageries mène de Marnia à Oudjda (autobus, 3 francs). — D'autre part, la *Compagnie de Navigation Mixte* ou *Touache* met en relations Marseille et Nemours par un service hebdomadaire (tous les mercredis). Prix de passage (1re classe, 100 francs ; 2e classe, 80 francs ; 3e classe, 45 francs). — De Nemours à Oudjda, service de messageries, 8 francs.

C. — Voyages dans l'intérieur.

On trouve dans un certain nombre de localités de l'intérieur des hôtels (prix de la journée, 8 à 12 francs).

Les meilleures époques pour voyager sont, dans l'intérieur, d'avril à juin et septembre-octobre ; sur le littoral, de mai à octobre.

Les voyages dans l'intérieur peuvent s'effectuer par chemin de fer militaire entre les villes suivantes : Casablanca, Rabat, Kenitra, Meknès, Fez, sur le réseau nord, et Casablanca, Bou-Laouane (vers Marrakech) sur le réseau sud. Il est nécessaire de se munir, pour voyager sur les chemins de fer militaires, d'une autorisation spéciale délivrée par le service militaire des Étapes dans chacune des gares précitées.

On peut également voyager en automobile : un réseau de routes reliant les principaux centres est actuellement projeté ou en construction.

Là où ne se trouve pas de route, les pistes ont été aménagées et sont praticables, sauf au fort de la saison des pluies, lorsque la terre est détrempée.

On trouve à Casablanca plusieurs entreprises de transports automobiles, dont les principales sont :

La Compagnie des Messageries auto-marocaines ;

La Société française de transports automobiles au Maroc (Goyon et Cie) ;

La Société Ruiz et Cie.

Voici le prix moyen du transport des voyageurs par automobile entre les principales villes :

Casablanca à Rabat, 15 à 26 fr. la place ;

Casablanca-Mazagan, 60 fr. la place ;

Casablanca-Safi, location d'une voiture de 6 places : 600 fr. ;

Casablanca-Mogador, location d'une voiture de 6 places : 1.200 fr. ;

Casablanca-Marrakech : 60 fr. la place ;

Rabat-Kenitra : location d'une voiture de 6 places, 250 fr. ;

Rabat-Meknès : location d'une voiture de 6 places. 800 fr. ;

Rabat-Fez : location d'une voiture de 6 places. 1.000 fr.

SITUATION GÉOGRAPHIQUE ET CLIMAT

Le Maroc dont la superficie est d'environ 500.000 kilomètres carrés [1] forme l'angle Nord-Ouest du continent africain.

La situation de ce pays, qui est compris entre le 35° et le 29° parallèle de latitude Nord, son climat méditerranéen adouci par des pluies fréquentes, ses chaines de montagnes et en particulier le système de l'Atlas dont les hauts sommets retiennent sur les plaines fertiles du littoral Atlantique les nuées amenées par les vents de l'Océan, les richesses naturelles variées de son sol et de son sous-sol, ses fleuves plus réguliers et plus longs que les autres cours d'eau de l'Afrique du Nord, sont autant de circonstances géographiques favorables qui doivent désigner le Maroc à l'attention de tous ceux qui s'intéressent à la mise en valeur et au développement des pays neufs. Il n'est pas jusqu'à la proximité de la Métropole qui ne puisse attirer, dans notre nouveau protectorat, colons, commerçants, industriels et touristes.

Climat[2]. — La situation du Maroc parait *à priori* être beaucoup plus favorable au point de vue climatérique que celle des autres régions de la Berbérie, à cause de son relief plus accentué, et de son voisinage de l'Océan. Ces avantages, toutefois, sont balancés par le voisinage beaucoup plus immédiat des régions désertiques. Les vents dominants sont en hiver ceux d'Ouest et du Sud-Ouest, et en été, celui du Nord-Est. Le sirocco est beaucoup plus rare qu'en Algérie, et le vent d'Est, d'origine continentale, a parfois les mêmes caractères de sécheresse et de haute température que le sirocco algérien ou tunisien. La brise de mer (Nord-Est) se fait sentir pendant les mois d'été sur le littoral et rafraichit considérablement la température. Mais à mesure qu'on s'éloigne de la mer, les influences maritimes vont en s'affaiblissant, et les influences continentales deviennent prépondérantes. La température, en conséquence, dès qu'on quitte le voisinage

1. Le Maroc, par suite des accords internationaux, est soumis dans sa partie en bordure de la Méditerranée à l'influence espagnole. Tout le reste du pays, sauf la zone internationale de Tanger et l'enclave espagnole d'Ifni au Sud, relève du Protectorat français du Maroc depuis le traité du 30 mars 1912.

2. Voir les relevés météorologiques aux annexes, n° II, p. 74.

immédiat du littoral et qu'on avance dans les terres, s'élève très rapidement en été et s'abaisse au contraire en hiver. Aussi le climat de Fez, de Meknès, de Marrakech est-il particulièrement pénible à certains moments, surtout au cœur de l'été, tandis que le climat tempéré du littoral est très agréable et se rapproche de celui des Canaries.

Les pluies sont rares de mai à octobre. Elles sont amenées par le vent d'Ouest. Elles sont abondantes en hiver et au printemps dans le Maroc septentrional, notamment dans le Rarb, et deviennent de plus en plus rares et plus courtes à mesure qu'on avance vers le Sud. On peut dire, en résumé, que l'année se divise en deux saisons principales : saison pluvieuse et fraîche, de novembre à avril, et saison chaude et sèche de mai à octobre.

LES PRINCIPALES VILLES DU PROTECTORAT

Kenitra. — La ville nouvelle de Kenitra a commencé à se bâtir en 1912; le port, d'abord exclusivement réservé au transit militaire, commença à être fréquenté par les bateaux marchands au commencement de 1913.

Kenitra a été doté d'un lotissement urbain, dont les lots furent adjugés aux enchères publiques. La guerre a ralenti le mouvement de la construction, qui commençait à devenir très actif.

Kenitra se trouve à 17 kilomètres de la côte, au fond d'une boucle du *Sebou* présentant à cet endroit une largeur de 250 mètres, avec des fonds de 6 mètres. C'est le port du Maroc le plus rapproché de Fez et de Meknès, et il tend d'ailleurs de plus en plus à devenir le point de transit de ces deux centres importants.

L'arrière-pays de Kenitra est extrêmement riche au point de vue agricole, la vallée du Sebou étant l'une des régions les plus fertiles du Protectorat.

La population de Kenitra se compose de 3.456 habitants, dont 2.000 Indigènes, 533 Français civils, 500 militaires environ, 180 Espagnols et 60 Italiens.

Port de Kenitra : Les navires de 3 m. 50 de tirant d'eau environ peuvent accoster à un appontement en charpente, construit par le génie militaire.

Un appontement définitif d'environ 200 mètres de longueur doit être entrepris prochainement.

Rabat-Salé. — C'est l'une des cinq anciennes capitales du Maroc, une des trois capitales chérifiennes modernes [1]. Elle a été érigée en siège administratif du Protectorat en raison de sa qualité de capitale chérifienne et de sa situation géographique (qui permet au Gouvernement du Protectorat d'être en contact permanent avec les diverses régions pacifiées et avec l'Europe), et à cause de son climat. Rabat est en outre, avec Salé, la seule ville de la côte atlantique qui offre un véritable intérêt historique et artistique.

La ville de Rabat est construite à l'embouchure même et sur la rive gauche du Bou Regreg, qui la sépare de Salé (rive droite).

La population indigène de cette double ville est d'environ 50.000 habitants, dont 30.000 à Rabat et 20.000 à Salé. Elle est très industrieuse, dans le sens qu'au Maroc on peut donner à ce mot. Elle fabrique des tapis, des poteries, des ouvrages de sparterie, des nattes, des articles de sellerie, des étoffes de laine, des djellabas, des babouches, etc.

Le port fluvial de Rabat-Salé est accessible pendant la bonne saison aux navires jaugeant jusqu'à 800 tonneaux, et ne calant pas plus de 3 m. 20. Une barre dangereuse par mauvais temps rend les opérations d'aconage assez difficiles en hiver.

Le commerce maritime y prend une importance croissante (25 millions de francs en 1913). Rabat ne semble pas destinée à concurrencer Casablanca comme port, ni comme centre commercial et industriel, car elle commande à une région géographique et économique très différente.

La population actuelle de Rabat-Salé se compose de 50.000 habitants environ, dont 42.000 Musulmans, 4.000 Israélites et 6.000 Européens (4.500 Français, 600 Espagnols, 600 Italiens, 15 Anglais et 75 Européens de nationalités diverses).

Port de Rabat : La construction de quais accostables pour les navires de trois mètres de tirant d'eau est en cours d'exécution. Ces quais pourront être mis en service au printemps de 1915.

---

1. Il y a un siècle et demi, les Sultans résidaient tour à tour à Marrakech, Taroudant, Rabat, Meknès et Fez.

Des terre-pleins auxiliaires avec môles de débarquement sont prêts à être terminés, en amont des quais en construction, à Bab el Bahar et à Sidi Maklouf ; ils permettront de multiplier les points de déchargement des barcasses.

Un appontement en ciment armé de 80 mètres de longueur, accostable pour les navires de trois mètres de tirant d'eau est en construction sur la rive droite de l'Oued, en amont de Salé.

Casablanca. — Casablanca est le port le plus important du Maroc. C'est une ville plate, sans monuments anciens. Placée à mi-chemin entre Tanger et Mogador, cette ville parait appelée à un grand avenir économique en raison de sa situation au débouché d'une des régions les plus peuplées et les plus fertiles du Maroc (Chaouïa, Tadla, partie des Zaërs et des Doukkala, Segharna et Rehamna). Le mouvement d'immigration s'y est centralisé. La plus grande partie des Français et des Européens qui sont venus au Maroc y ont débarqué, et beaucoup s'y sont fixés. Le grand nombre de commerçants, d'industriels, d'agriculteurs, qui habitent Casablanca en ont fait la métropole commerciale du Maroc français. Son développement a été subit, et peu de villes européennes donnent une impression d'activité aussi frappante.

Ce n'est guère qu'en 1911 que le mouvement actuel d'immigration s'est dessiné. Le chiffre de la population française est passé de 4.000 à 15.000 personnes.

La vie, en général, est à Casablanca de 40 à 50 °/₀ plus chère qu'en France.

La population de la ville s'élève à environ 75.000 habitants, dont 15.000 Français, 6.000 Espagnols, 6.000 Italiens, 500 Anglais, 500 Européens de nationalités diverses.

Port de Casablanca : Les travaux de construction du grand port de Casablanca sont en cours d'exécution. Ces travaux comportent :

1° La construction d'un grand avant-port susceptible d'abriter des navires de 10 mètres de tirant d'eau. La grande jetée qui doit constituer cet abri aura 1.900 mètres de longueur et est actuellement construite sur 400 mètres.

2° La construction d'un port intérieur pour abriter les barcasses et remorqueurs et permettre le débarquement des allèges et navires de trois mètres de tirant d'eau. Une partie de ce port intérieur, la darse Ouest, est actuellement construite

D'importants travaux d'aménagements de terre-pleins, d'installation de grues et de voies ferrées, et de construction de magasins, ont été exécutés et permettent un débarquement et une manutention plus rapide des marchandises.

Mazagan. — Située sur l'Océan Atlantique à peu de distance au Sud de l'embouchure de l'Oum er Rebia, Mazagan est le débouché de la région des Doukkala, qui est considérée, avec la Chaouia, comme une des plus riches de tout le Maroc. C'est aussi un des ports de Marrakech.

Mazagan est la ville qui, après Casablanca et Rabat-Salé, a le plus profité de l'immigration européenne, mais dans des proportions bien moindres. Son développement, tout en étant moins rapide, est constant. Elle a l'avantage de posséder une rade relativement abritée, où les opérations d'aconage peuvent se poursuivre pendant la plus grande partie de l'année (même au gros de l'hiver).

Sa population s'élève à environ 14.000 habitants, dont 11.000 Musulmans, 2.360 Israélites, 267 Français, 225 Espagnols, 100 Italiens, 145 Anglais, 50 Européens divers.

Port de Mazagan : Les travaux, actuellement en cours d'exécution, comportent la construction d'un port à barcasses, constitué par un avant-port creusé à 1 m. 50 sous basse mer, et une darse avec quai et terre-plein, creusée à 1 m. sous basse mer.

Ce port permettra d'effectuer les opérations de débarquement des allèges par tout état de marée et d'abriter le matériel naval de l'aconage.

Les travaux ont été adjugés avant la guerre, mais les chantiers n'ont pu commencer à s'organiser qu'en septembre 1915.

Safi. — Cette ville est située sur l'Atlantique, entre Mazagan et Mogador. C'est la rade ouverte au commerce la plus rapprochée de Marrakech, mais l'une des plus difficiles du littoral. Safi, cependant, a pris un essor assez rapide ; de nombreuses constructions s'y sont élevées ces derniers temps. La population indigène et européenne augmente. On y compte actuellement 21.000 habitants se décomposant ainsi : 17.000 Musulmans,

.500 Israélites, 360 Français, 200 Espagnols, 20 Italiens, 50 Anglais, 50 Européens divers.

Port de Saffi : La construction d'un wharf métallique est envisagée. En attendant l'exécution de ce projet, on réalise des améliorations secondaires qui permettront de faciliter d'une façon notable le commerce :

Construction d'un petit quai en maçonnerie sur le rocher bordant l'anse de débarquement, réparations de l'ancien wharf, extension des terre-pleins et des magasins et améliorations de leurs dégagements.

Mogador est un port important, situé au Sud des grandes plaines atlantiques. L'aspect général de la ville est assez monotone. La rade est assez sûre, protégée par la presqu'île sur laquelle est bâtie la ville, et par l'île de Mogador. Elle a des tendances à s'ensabler. Environ deux millions de francs de travaux maritimes vont être entrepris à Mogador.

La ville abrite 17.000 habitants environ, dont 7.320 Musulmans, 8.000 Israélites, 500 Français, 130 Espagnols, 10 Italiens, 80 Anglais, 60 Européens divers.

Port de Mogador : La construction d'un port à barcasses comportant un avant-port creusé à (1,50) et une darse creusée à (1,00) a été adjugée avant la guerre. Les travaux ne sont pas encore commencés effectivement, les chantiers seront installés après ceux de Mazagan.

Marrakech est une des trois capitales modernes de l'Empire Chérifien. Elle est la ville du Maroc la plus peuplée après Fez. Bâtie dans la plaine du Tensift, sur la rive gauche de cet oued important, elle est entourée d'un énorme massif de verdure formé par les merveilleux jardins et les bosquets de palmiers qui l'entourent. Quoique Marrakech soit l'une des villes les plus chaudes du Maroc (maximum en été : 49° à l'ombre), le climat en est salubre. Une eau excellente y est distribuée par de nombreuses fontaines. Certaines industries indigènes y sont florissantes : la chaudronnerie, les babouches, et les tanneries célèbres, qui ont valu au cuir travaillé dans cette ville (maroquin) une si grande réputation. On compte à Marrakech 75.000 habitants environ se répartissant en 55.000 Musulmans, 15.000 Israélites, 800 Français, 200 Espagnols, 10 Anglais, 40 Européens de nationalités diverses.

Meknès. — Ancienne capitale des Sultans, à 60 kilomètres environ à l'Ouest-Sud-Ouest de Fez, arrosée par l'oued Bou Fekran, entourée de beaux jardins, Meknès avait cependant, ces dernières années, perdu son antique splendeur, et elle offrait l'aspect d'une ville en décadence. L'occupation française a eu pour effet de la secouer de sa torpeur ; les transactions commerciales ont repris ; un certain nombre d'Européens s'y sont fixés ; la population indigène augmente. Meknès abrite 33.000 habitants environ, dont 26.000 Musulmans, 6.000 Israélites, 711 Français, 142 Espagnols, 11 Italiens, 5 Anglais, 62 Grecs et 80 Européens de nationalités diverses.

Fez est bâtie dans la vallée du Sebou, sur l'oued Fez. C'est la ville sainte des Musulmans et l'ancienne capitale du Maroc septentrional (Royaume de Fez). Il faut distinguer Fez-Djedid de Fez-Bali, où se trouve le quartier musulman commerçant (Medina).

Le commerce y est très prospère. Fez entretient des relations commerciales avec Tanger et le Nord-Ouest marocain, avec Larache (zone espagnole) qui est un de ses ports de transit, avec Kenitra et avec Rabat-Salé.

L'industrie de Fez est exercée par des corporations, généralement groupées par quartiers ou par rues, et dont chacune a son conseil de notables, et son règlement traditionnel.

Les principales industries sont le tissage et la confection de vêtements indigènes, la tannerie, la teinturerie, l'orfèvrerie, la meunerie, etc... La fabrication des « Fez » (calottes rouges) a complètement disparu devant la concurrence autrichienne.

On compte à Fez 100.000 habitants, dont 91.000 Musulmans, 9.000 Israélites, 350 Français, 40 Espagnols, 20 Italiens, 8 Anglais, 30 Européens divers.

Le climat de Fez n'est agréable qu'au printemps et en automne. Il est froid et humide en hiver. En été, une chaleur lourde et humide s'y fait sentir, de mai à octobre.

Maroc oriental. — Il convient de réserver un paragraphe spécial au Maroc oriental. C'est, en effet, géographiquement, plutôt le prolongement de l'Algérie que la partie orientale du Maroc. Le *Moghreb el Aksa* (dénomination géographique arabe du Maroc) ne commence guère qu'au delà des hauts sommets de l'Atlas au Sud, au delà de la Moulouya au Nord.

La pénétration française dans le Maroc oriental s'est manifestée sous une forme très active. Un chemin de fer commercial relie Oran à Oudjda (par Marnia), à El-Aricha (route de Berguent), et à Figuig et Colonie-Béchar. Des centres agricoles et commerciaux se sont créés : Oudjda, El-Aïoun, Berkane, Berguent, Saïdia, Merada, Taourirt, Debdou, Figuig. La jonction avec le Maroc oriental a été opérée en 1914, par la trouée de Taza.

Oudjda est située à 11 kilomètres de la frontière algéo-marocaine : ses débouchés maritimes sont Nemours (70 kilomètres), Port-Say (60 kilomètres), et Oran (250 kilomètres).

Des services automobiles relient Oudjda à la gare de Marnia d'où partent les trains commerciaux pour Oran par Tlemcen (le chemin de fer militaire Oudjda-Taza est presque exclusivement réservé aux transports de l'armée).

Oudjda est, après Casablanca et Rabat-Salé, la ville du Maroc où résident le plus de Français. La population, qui s'élève à 16.000 habitants, se répartit ainsi : 10.000 Musulmans, 3.000 Israélites, 3.000 Français, 800 Espagnols, 100 Italiens, 5 Anglais, 150 Européens divers.

PROPRIÉTÉ FONCIÈRE

Le Gouvernement du Protectorat, avant d'envisager l'organisation d'un système de colonisation officielle, a dû s'attacher à épurer la situation juridique de la propriété foncière et à organiser le domaine public et le domaine privé.

On distingue au Maroc, en dehors des terres de tribus et des propriétés privées, deux catégories de biens fonciers : les biens domaniaux et les biens habous.

Biens domaniaux (appartenant à l'État). — La reconnaissance des biens domaniaux makhzen et l'établissement des plans les concernant représentent pour le Service des Domaines des travaux de recherches et d'études très minutieux et de longue haleine.

Des lotissements urbains ont déjà été aliénés ou loués à Kenitra et à Marrakech. Des jardins domaniaux ont été mis en location (Fez, Marrakech).

La Direction de l'Agriculture, du Commerce et de la Colonisation se verra affecter, au fur et à mesure des possibilités, des domaines makhzen, en vue de leur lotissement en faveur des colons qui en feront la demande. Ces terrains seront vendus avec facilités de paiement, et moyennant l'obligation pour les intéressés de résider sur la propriété qu'ils mettront en valeur.

Biens Habous (appartenant à la communauté religieuse musulmane). — Ces biens sont inaliénables, mais leur location a été envisagée, et un dahir du 6 septembre 1913 (*Bulletin officiel* du 19 septembre 1913 n° 47) en a réglementé le régime.

Aux termes de cet acte, des locations de deux ans seront consenties pour les immeubles bâtis, et d'un an pour les terrains non bâtis. En ce qui concerne ces derniers terrains, des baux peuvent être passés pour une période de dix ans. Ils sont renouvelables à deux reprises, mais seulement au cas où des dépenses équivalant au montant de cinq années de loyer ont été engagées par le locataire en aménagements durables, restant acquis à la Djemaa des Habous (construction de bâtiments, puits, canalisations d'irrigation, plantations d'arbres, etc...). À chaque renouvellement de bail, le prix de location de ces terres est augmenté d'un cinquième.

Cette combinaison, bien que sortant des habitudes européennes, et malgré que les locations soient consenties par la voie des enchères publiques, est intéressante pour les agriculteurs expérimentés qui peuvent ainsi, avec des capitaux relativement faibles, entreprendre des travaux importants et rémunérateurs.

En dehors des locations indiquées ci-dessus, les colons doivent donc acheter ou louer des propriétés agricoles. En ce qui concerne les achats de terrains, on ne saurait prendre trop de renseignements et de précautions, si l'on veut éviter ultérieurement des surprises désagréables. Dans tous les cas un voyage d'études sur place s'impose, même lorsqu'on s'adresse à des courtiers.

Pour plus de sécurité, on ne saurait trop recommander de recourir à la procédure de l'*immatriculation*, instituée par le Dahir du 12 août 1913 et dont le fonctionnement a été confié au service de la Conservation foncière, établi à Casablanca depuis le mois de mai 1915. L'immatriculation a été organisée sur les bases de « l'Act Torrens » d'Australie et sa procédure se rapproche sensiblement de celle qui a fourni de si heureux résultats à Madagascar et en Tunisie.

Dans les ports et autour des ports, dans une zone de 10 kilomètres environ, les facilités d'achat varient selon les localités.

L'acquisition à un Européen est beaucoup plus simple et moins fertile en méprises que les pourparlers d'achat avec un indigène. Il y a lieu d'être très circonspect sur la valeur des titres de propriété présentés et de faire une enquête sérieuse sur les origines de la propriété de l'immeuble proposé. L'acquisition directe de terres aux indigènes par les Européens s'effectue suivant certaines formalités : examen des titres par le Cadi, approbation des autorités locales, bornage du terrain en présence des adoul ou notaires arabes, actes passés devant les adoul, légalisation par le Cadi.

ENTREPRISES AGRICOLES ET D'ÉLEVAGE.

Les régions du Maroc les plus favorables à la création de domaines agricoles, tant en raison de la qualité des terres et des conditions climatériques que de la sécurité qui y règne dès maintenant, sont :

La Chaouïa, desservie par les ports de Casablanca et Fedalah, avec les centres administratifs suivants, qui constituent aussi des points de colonisation et des marchés importants : Boulhaut, Le Boucheron, Ber-Rechid, Médiouna, Settat, Oulad-Saïd, Ben-Ahmed. La Chaouïa comprend de vastes étendues de terres « tirs » argileuses, profondes et particulièrement fertiles, pro-

pices aux cultures de céréales, de fèves, de lentilles, de fenugrec, etc...

Les Zemmour et les Zaer, arrière-pays de Rabat et de Salé, où
se pratiquent avec succès les cultures de céréales, maïs, sorgho,
etc..., et où l'élevage du porc, favorisé par le voisinage des
forêts de la Mamora et des Zaër, constitue une source appré-
ciable de revenus. Principaux centres : Bou-Znika, Temara,
Monod, Tiflet, N'Kheïla, Marchand.

Le Gharb, avec Kenitra, Mehedya comme débouchés, et com-
prenant une vaste plaine bien arrosée, composée en grande partie d'alluvions profondes et très fertiles (Souk el Had Kourt,
Souk el Arba du Gharb, Lalla Mimouna, Arbaoua).

La vallée du Sebou et de ses affluents, l'une des régions les
plus fortement colonisées à l'heure actuelle, en raison de la
régularité de ses pluies et de la qualité excellente de ses terres.
Le Sebou constitue un moyen de communication avec Kenitra.
Principaux centres : Mechra bel Ksiri, Dar Bel Hamri, Petitjean.

La région de Meknès, appelée à prendre un grand essor agricole, avec ses ressources en eau d'irrigation, son climat modéré,
et ses plateaux fertiles et propices à la création de vergers et
d'oliveraies.

Les Doukkala, avec leur population indigène relativement
dense, produisent en grande quantité le blé, l'orge, le maïs. —
Principaux centres agricoles : Mazagan (port), Azemmour, Sidi
Ali, Le M'Tal.

Les Abda, desservis par le port de Safti, et qui sont cultivés
sur les deux tiers de leur superficie totale en céréales, en
alpiste et en cumin.

Deux cents colons français environ sont déjà installés au
Maroc, principalement en Chaouïa et dans la vallé du Sebou. Un
certain nombre d'entre eux résident dans le *bled* avec leur
famille, mais la plupart sont encore logés d'une façon rudimen-
taire, dans des constructions en briques de terre ou en tôle

ondulée, voire même sous la « nouala » marocaine (sorte de tente couverte en chaume sur un clayonnage de roseaux, avec un soubassement en pisé). Dans tous les cas, avant d'amener sa famille, il est indispensable de faire édifier une construction offrant quelque confort.

La création d'une entreprise agricole au Maroc exige non seulement des connaissances techniques approfondies, mais aussi l'habitude des coutumes des indigènes, et autant que possible de leur langue. Un stage dans un domaine agricole s'impose donc au préalable pour les personnes qu'un séjour en Algérie ou en Tunisie n'a pas rompues à la pratique du milieu climatérique, économique et social de l'Afrique du Nord.

Quant aux capitaux qu'il est nécessaire d'engager pour la mise en marche d'une entreprise agricole, ils diffèrent essentiellement, cela va sans dire, selon qu'il s'agit d'un domaine de grande (au delà de 400 hectares) ou de moyenne colonisation (100 à 400 hectares). La petite colonisation rurale ne saurait être préconisée pour l'instant, sauf le cas d'une exploitation maraichère, aux environs des villes, qui exige cependant une mise de fonds relativement importante en aménagement de puits, fumures, main-d'œuvre, etc...

Il ne faut pas dissimuler que, en l'état actuel de l'outillage économique, étant données la rareté des moyens de transport, l'organisation défectueuse des ports, l'élévation des droits de douane, etc...., il serait imprudent de pratiquer la grande culture directe si l'on ne disposait pas d'importants capitaux, permettant d'attendre sans inconvénients la réalisation des bénéfices. La valeur d'achat des terres, variant de 75 à 250 frs l'hectare selon leur qualité et le plus ou moins grand éloignement d'un centre, ne représente en effet qu'une assez faible part des dépenses à engager.

Quant au colon moyen, il ne se contente généralement pas de la mise en valeur de sa propriété, et pour étendre son champ d'action, il pratique avec ses voisins indigènes *la culture en association*, qui occupe également l'activité d'un certain nombre d'Européens non propriétaires, mais résidant dans un centre rural, où ils s'occupent quelquefois simultanément de commerce.

L'association avec l'indigène, qui permet aux colons de n'engager qu'un capital restreint, est susceptible de lui procurer d'intéressants bénéfices, à condition bien entendu qu'il surveille exactement ses associés. D'autre part, ce système de culture permet de gagner la confiance des indigènes, de se renseigner à loisir sur les possesseurs de terres à vendre et de ne traiter les achats qu'en connaissance de cause.

Les modalités des contrats d'association, bien que fort variables suivant les traditions locales, sont cependant basées sur les principes suivants : l'apport du terrain est considéré comme donnant droit au cinquième de la récolte ; celui qui fournit la main-d'œuvre prélève également le cinquième ; celui qui procure les animaux et le matériel, touche aussi le cinquième ; enfin celui qui avance les semences prend les deux cinquièmes.

Il existe donc de nombreuses combinaisons d'association pour les cultures d'automne ou de printemps, qui sont généralement contractées pour une seule année.

Cultures pratiquées au Maroc.

I. *Cultures alimentaires.* — Les cultures alimentaires qui font la base des exploitations indigènes comprennent par ordre d'importance : le blé dur, l'orge, le maïs, le sorgho, les fèves, les lentilles, les pois chiches. De grandes quantités de ces produits sont exportées chaque année, les blés durs marocains étant très appréciés par la meunerie européenne, et les orges (escourgeons) étant employées par la brasserie et la malterie anglaise, belge et française.

II. *Cultures pour l'exportation.* — Les principales sont celles du lin (pour la graine), du fenugrec, de la coriandre, du cumin, du carvi ; ces dernières graines sont utilisées principalement par la pâtisserie et la distillerie.

Au point de vue arboricole, les indigènes récoltent, en assez grande abondance, les olives, avec lesquelles, faute de soins, ils fabriquent une huile assez médiocre ; dans la région de Mogador, les fruits de l'arganier servent à la préparation d'une huile (extraite de l'amande) utilisée à l'alimentation.

Il existe au Maroc d'assez grandes surfaces complantées en vignes pour la production du raisin de table ; on trouve également sur les marchés beaucoup d'oranges, de citrons, de mandarines, de grenades, de coings, de pommes, de poires ; les prunes, les noix, et même les cerises se trouvent sur les marchés de Meknès et de Fez.

En dehors de ces diverses cultures, les colons européens produisent déjà en quantités notables le blé tendre et l'avoine. Quelques vignobles sont déjà constitués soit en producteurs directs, soit en plants américains.

La culture maraîchère aux environs des principales villes est susceptible de fournir d'importants bénéfices, en raison des prix très élevés auxquels se vendent les légumes, les fruits, le lait et le beurre, les œufs, les volailles, etc...

Les cultures maraîchères, pratiquées d'une façon intensive, n'exigent pas de grandes surfaces, et sur une dizaine d'hectares, il est possible d'obtenir une production variée et abondante, à condition que le terrain soit de bonne qualité et que l'on dispose d'eau d'irrigation en quantité importante.

Le prix des terrains dans la zone suburbaine des principaux centres, varie entre 400 et 1.000 francs l'hectare. Une exploitation de ce genre ne peut évidemment donner de bénéfices que si elle est conduite par un horticulteur compétent et assidu au travail, habile en outre à dresser la main-d'œuvre indigène à des travaux relativement minutieux.

L'élevage des bovins et des ovins est le complément naturel de tout domaine agricole ; mais il faut signaler aux agriculteurs qui seraient désireux de se spécialiser dans cette branche que le Maroc se prête difficilement à la création de grandes entreprises d'élevage, comme il en existe aux États-Unis ou en Argentine ; la propriété est généralement trop morcelée pour permettre l'entretien de troupeaux très nombreux. Les épizooties qui atteignent quelquefois le bétail, principalement après les époques de disette, constituent en outre un obstacle au rassemblement de forts troupeaux, qu'il est préférable de disséminer sur des points différents.

Les races de bovins et d'ovins acclimatées au Maroc sont fort intéressantes : bovins d'un format plus développé que ceux de l'Algérie, moutons d'assez grande taille, issus de mérinos, et dont la laine est fort appréciée sur les marchés européens, porcs très rustiques et d'une précocité relativement satisfaisante. Les agriculteurs susceptibles d'assurer à leurs troupeaux un abri contre les intempéries, un abreuvement régulier et des réserves fourragères pour la mauvaise saison, sont assurés d'obtenir des animaux bien en chair faisant prime sur les marchés. La spéculation sur le bétail, acheté maigre à la mauvaise saison, et revendu après quelques mois de bon entretien, assure généralement un bénéfice qui n'est pas inférieur à 15 ou 20 °/₀ du capital engagé.

Le Service Zootechnique et des Épizooties, assuré par des vétérinaires militaires, fonctionne déjà dans un certain nombre de centres d'élevage, et des tournées d'inspection sont pratiquées régulièrement en vue de prévenir et d'enrayer les maladies épizootiques.

Beaucoup de colons ont recours, en matière d'élevage, à l'association avec les indigènes, et utilisent ainsi indirectement les terres de parcours appartenant individuellement aux tribus.

Pour l'élevage des bovidés, le mode d'association le plus courant est le suivant :

Le capitaliste confie à l'indigène un troupeau dont la valeur est estimée par contrat, d'un commun accord entre les deux parties. Au bout d'un an, les animaux sont vendus ou estimés à nouveau, et les bénéfices, diminués des frais de gardiennage, d'installations diverses, etc..., sont partagés à raison de deux tiers pour le bailleur de fonds et d'un tiers pour son associé.

En ce qui concerne les ovins, l'indigène à qui l'on a confié le troupeau en rembourse chaque année, pendant quatre années consécutives, le quart de la valeur; il utilise pour ces remboursements les fonds provenant de la vente des laines et des agneaux. A l'expiration de la quatrième année, le troupeau est vendu et le prix est partagé par moitié, une fois les frais de gardiennage déduits.

L'élevage des porcs est facilité, dans les environs des forêts de chêne-liège, par la possibilité de les envoyer au pacage des glands. L'autorisation en est délivrée par le service des eaux et forêts, moyennant une redevance de 1 p.h. par porc adulte et par an.

Le prix des animaux domestiques a sensiblement augmenté depuis que les Européens, gros consommateurs de viandes, ont afflué au Maroc. Actuellement les prix moyens sont pratiqués :

Bœuf.................................. 250 p.h.
Vache................................. 175 p.h.
Mouton............................... 15 à 20 p.h.
Porc.................................. 1 fr. à 1 fr. 20 le kilo vif.
Cheval de selle...................... 500 à 800 p.h.
Cheval de trait...................... 250 à 400 —
Mulet de trait....................... 400 à 600 —
Mulet de selle....................... 700 à 1.000 —
Ane................................... 40 à 125 —

EXPLOITATION FORESTIÈRE

Le Maroc présente trois zones forestières distinctes :

Sur la côte, la zone du chêne-liège, dont le principal massif est celui de la Mamora (120.000 à 130.000 hectares) composé de chêne-liège en mélange, sur certains points, avec le poirier sauvage ; les forêts des Sehouls, Boulhaut, Mkreïrnza, Maarif, (30.000 hectares), chêne-liège pur ; les forêts des Zaers et M'Dakra (50.000 hectares), thuya (arar) et chêne-liège en mélange.

Dans le Moyen-Atlas, la zone du cèdre, peuplée de cèdre, chêne-vert, chêne zéen, if, érable, pin d'Alep, etc..., la forêt de cèdre couvre une superficie d'au moins 200.000 hectares.

Dans le sud, de Mogador à Agadir, la zone de l'arganier, en mélange au thuya et au genévrier de Phénicie.

La zone du chêne-liège a été le théâtre de dévastations sans nombre du fait des écorceurs et charbonniers indigènes ; le Service forestier est intervenu par des mesures appropriées, et c'est ainsi que la grande forêt de Mamora a pu être sauvée de la ruine qui la menaçait. Ces mêmes mesures seront progressivement étendues aux autres massifs de la côte. D'importants travaux de démasclage, de recépage et d'établissement de tranchées de protection contre l'incendie, ont été déjà exécutés tandis que se poursuivaient la fabrication du charbon et la récolte de l'écorce à tan en vue de l'approvisionnement de Rabat et de Salé. Le mode d'exploitation est la régie directe. Les produits actuels sont : pour le chêne-liège, le liège, le charbon, le tanin ; pour le poirier et le thuya, le bois d'ébénisterie et de menuiserie.

La forêt de Mamora, qui représente toute seule la moitié environ des peuplements de chêne-liège du Maroc, sera susceptible dans quelques années, quand elle sera complètement mise en rapport, de fournir environ 100.000 quintaux de liège de reproduction, d'une valeur de 35 frs. le quintal ; 25.000 à 30.000 quintaux de charbon, d'une valeur de 20 à 22 p.h. le quintal à Rabat et Salé, et 15.000 à 20.000 quintaux d'écorce à tan, à 22 p.h. en moyenne le quintal. Elle fournit déjà d'importantes quantités de liège mâle qui provient du démasclage du chêne-liège et qui est utilisé dans la fabrication des agglomérés, linoléums, poudre de liège, bouchons de pêche, etc... ; en outre, la plus grande partie du charbon (30.000 quintaux) et du tanin (5.000 quintaux) nécessaires à l'importante industrie indigène des cuirs et aux besoins ménagers de Rabat et de Salé, est tirée de cette forêt au moyen de l'exploitation, soit de l'Administration, soit des tâcherons indigènes ; seuls jusqu'ici, les arbres anciennement écorcés, mutilés, tarés ou dépérissants, non susceptibles de fournir plus tard du liège de reproduction, ont été utilisés pour la fabrication du charbon et la récolte de l'écorce à tan.

C'est également dans ces forêts de la côte que les indigènes s'approvisionnent en bois de charrues et divers instruments ou objets agricoles.

Des fours indigènes à goudron sont aussi autorisés dans les forêts des Zäers et des M'Dakra.

Les forêts de cèdre se trouvent en dehors de la zone d'occupation ; le moment n'est donc pas encore venu d'y entreprendre des exploitations méthodiques ; l'Administration va s'efforcer simplement de limiter les exploitations d'réglées des indigènes.

Le chêne-vert et le chêne zéen seront susceptibles d'alimenter en combustible une partie du Maroc, après la construction des chemins de fer ; le chêne-zéen trouvera un débouché important dans la charpente et la fabrication des traverses ; le cèdre acquerra une valeur considérable, qui ne fera que s'accroître, grâce à ses remarquables qualités de bois d'ébénisterie, ses dimensions exceptionnelles et la vaste étendue qu'il occupe au Maroc. Les belles et artistiques menuiseries de Marrakech, Fez et Meknès sont en cèdre.

Dans le sud, l'arganier fournit, par ses amandes, une huile

estimée, et par son bois, un excellent charbon ; depuis quelque temps ces boisements sont malheureusement dévastés par les charbonniers, dont les produits sont exportés sur Casablanca. Certaines mesures telles que l'installation d'un commerce d'importation de charbon dans cette ville, permettront de mettre un terme à ces exploitations abusives.

Le thuya fournit un bois très estimé en menuiserie. Dans la région de Mogador, il produit la gomme sandaraque employée dans la fabrication des vernis, et dont il s'exporte de grandes quantités de Mogador.

En ce qui concerne l'exportation des bois marocains, certaines essences sont autorisées, depuis 1882, à sortir du Maroc moyennant les droits suivants :

Écorce à tan................	1 p. h. 50	le quintal	anglais [1].
Liège mâle................	» 25	—	métrique.
Osier....................	» 50	—	anglais.
Bois d'arar....	» 50	—	anglais.
Bois de cèdre............	1 26	—	anglais.

EXPLOITATION MINIÈRE

Un dahir du 19 janvier 1914 a réglementé au Maroc la recherche et l'exploitation des mines en général. Ce règlement distingue entre les mines, auxquelles il s'applique, et les carrières et tourbières, dont l'exploitation est régie par de simples règlements de police.

La recherche des mines est libre en principe, mais le droit exclusif de recherche dans un carré de 1 à 4 kilomètres de côté donne lieu à la délivrance d'un permis moyennant taxe de 0,20 par hectare et par an. Ce permis est négociable (taxe de transmission, 300 francs).

Les permis d'exploitation, accordés par dahir chérifien, portent sur une superficie de 100 à 2.000 hectares et entraînent les charges ci-après : taxe de 500 fr. ; taxe annuelle variant de 1 à 3 fr. 50 par hectare suivant la matière ; taxe de sortie : 3 à 10 % *ad valorem*. Les gisements de phosphates, nitrates, etc., ne

1. Le quintal anglais, qui a été adopté jadis par le makhzen pour la tarification douanière à l'exportation sous le nom de « Kantar », vaut 50 kg. 802

peuvent être concédés que par adjudication publique. Le Gouvernement chérifien se réserve l'exploitation des salines. Une commission a été instituée pour résoudre les litiges antérieurs au règlement minier.

Parmi les richesses du sous-sol, on signale des gisements de cuivre, de fer, de plomb dans le Sous et dans l'Anti-Atlas; de plomb argentifère dans le Riff et dans le Moyen-Atlas ; ceux de sel gemme du Sebou, etc.

Les travaux de prospection doivent être faits avec méthode et prudence : ne se fier en rien aux indigènes, mais s'entourer de renseignements sérieux basés sur les données précises afin d'éviter des déceptions.

PÊCHE

Les ressources ichtyologiques de la côte atlantique du Maroc sont extrêmement abondantes et variées, la faune maritime trouvant dans ces parages des conditions biologiques favorables à son développement, et la douceur des eaux convenant également aux espèces de mers froides et à celles des mers tropicales.

Parmi les innombrables poissons capturés dans les chaluts on doit citer, en premier lieu, la « dorade » et le « merlus ». Ces deux espèces, qui sont parmi les plus consommées, abondent sur les côtes marocaines.

Le « colin », poisson d'une vente courante à Paris, n'est autre que le « merlus », pêché plus spécialement dans les parages d'Agadir.

On trouve encore, en plus ou moins grande quantité, le « pageot » (qui n'est d'ailleurs qu'une variété de dorade), la « bonite », le « grondin rouge », la « raie », le « maquereau », la « sardine », l'« anchois », la « sole », le « congre », etc...

Les mollusques sont rares ; il n'y a pas d'huîtres et peu de moules, mais, en revanche, les crustacés (homards et langoustes) existent en grande quantité dans le Sud (régions de Mogador et d'Agadir).

Malgré ces richesses, le rendement de la pêche est actuellement très faible. La consommation locale en poissons est très peu importante mais elle est susceptible de se développer et l'exportation est encore presque nulle.

Les quelques pêcheurs arabes, espagnols ou italiens qui se livrent à la petite pêche sur les côtes du Maroc, en vue de pourvoir à la consommation locale, disposent de moyens très primitifs. Leurs embarcations sont de simples barques, quelquefois des balancelles ; leurs engins, des lignes de fond dites palanques, des lignes à la traine, des filets flottants, des filets de fond ou chaluts, des casiers.

Selon le poisson recherché, il convient d'employer des engins différents : la sardine se pêche surtout au filet flottant ; la bonite et le maquereau à la ligne à la traine, ces poissons se tenant près de la surface. Les casiers sont employés pour la pêche du homard et de la langouste. Enfin, les chaluts ne peuvent être utilisés que par des barques d'un certain tonnage, comme par exemple les balancelles espagnoles et italiennes qui fréquentent les côtes marocaines pendant la belle saison. Encore faut-il deux balancelles au moins pour poser et trainer un chalut. En 1913, on a compté 10 balancelles de Valence se servant de filets dits « bœufs », qui ont envoyé à leur port d'attache pour environ un million de francs de poisson séché, tout en vendant à Casablanca du poisson frais.

Pendant l'hiver, où la pêche est d'ailleurs insignifiante, on ne prend guère que des dorades, des grondins, des congres, espèces capturées également tout le reste de l'année.

La pêche, en général, s'effectue de mars en novembre sans que l'on puisse fixer une époque particulièrement propice, si ce n'est pour la bonite et le maquereau qui abondent surtout en juillet.

Toute la côte est poissonneuse, mais certaines espèces ont cependant leurs lieux de prédilection, bien connus des pêcheurs. C'est ainsi que la sardine se rencontre principalement entre Fédalah et Rabat, tandis que le merlus, la langouste et le homard sont l'apanage de la côte Sud.

Le jour où la grande pêche sera pratiquée au Maroc, le pays tirera des ressources importantes du poisson conservé ou séché.

Casablanca et Fédalah ont été souvent proposés comme sièges de fabriques de conserves, mais il sera moins facile de s'y procurer l'huile nécessaire que, par exemple, à Agadir, dont la côte est extrêmement poissonneuse, et qui se trouve dans la zone de l'arganier, dont le fruit produit l'huile d'argan en grandes quantités.

Certains poissons pourraient être séchés, soit pour la consommation, soit surtout pour l'utilisation de leurs déchets.

Les déchets de poissons peuvent être employés comme engrais pour les terrains agricoles. La fabrication de la farine de poisson qui est une excellente nourriture pour le bétail est également intéressante.

Aussi bien pour l'engrais des terres que pour celui des animaux, il est absolument indispensable de déshuiler le poisson; ce déshuilage s'accomplit facilement par des procédés chimiques connus. Une usine de déchets de poissons nécessite, il est vrai, des frais assez considérables d'installation et de personnel, mais la rémunération en est importante. Cent tonnes de sardines donnent environ 30 tonnes de déchets, et de plus, tous les mauvais poissons peuvent être utilisés. Les huiles et les graisses extraites ont elles-mêmes leur emploi.

PÊCHE FLUVIALE

Les oueds marocains sont tous très poissonneux, mais l'Oum er Rebia est de beaucoup le plus peuplé. Une très grande quantité d'aloses remontent ce fleuve à certaines époques de l'année. Azemmour serait un centre tout désigné pour la création d'une entreprise de pêche fluviale dans l'Oum er Rebia.

Des études pour l'installation de grandes pêcheries au Maroc ont déjà été faites par divers capitalistes.

Il existe, à Tanger, une sardinerie qui donne de très bons résultats.

Le régime douanier des produits de la pêche est le suivant : les poissons frais débarqués du bateau pêcheur, arrivant en droiture du lieu de pêche, sont exempts de tous droits de douane à l'introduction.

Quant aux produits de la pêche exportés : poissons frais, secs, salés, fumés, marinés ou à l'huile, ils sont frappés à la sortie d'un droit de 5 p. h. par kantar (5 kilos 750).

RÉGIME DOUANIER

I. — Importation.

Droits d'importation au Maroc par la frontière algéro-maro-caine. — Ces droits varient suivant les articles. Ils correspondent en général à 5 % de la valeur.

II. — Droits d'entrée par mer.

Les marchandises d'origine étrangère de toute provenance, acquittent à l'importation un droit de douane de **10** %, cal-culé d'après leur valeur au comptant et en gros rendues au bureau de douane, à l'exception des produits ci-dessous qui ne paient que **5** % *ad valorem :*

Tissus de soie pure ou mélangée, à l'exception de la soie arti-ficielle, des doublures, garnitures de vêtements, etc. ;

Or et argent en lingots ;

Bijoux d'or et d'argent ;

Boîtiers de montres, en or ou en argent, sans mouvements enrichis ou non de pierres vraies ou fausses :

Fils d'or, d'argent, dorés ou argentés ;

Galons d'or, d'argent, dorés ou argentés ;

Pierres précieuses et fausses ;

Rubis ;

Vins, bières, vinaigres, alcools de menthe et liquides distillés de toutes espèces ;

Pâtes alimentaires.

III. — Taxe spéciale.

A titre temporaire, toutes les marchandises étrangères sont en outre frappées d'une taxe spéciale de **2 1/2** % *ad valorem,* perçue en même temps que les droits de douane, ce qui porte la taxe totale perçue en douane à 12.50 % de la valeur.

IV. — Taxe sur l'alcool.

Dans les douanes de la zone française, il est perçu, à titre temporaire, une taxe de 200 (deux cents) pesetas hassani sur l'alcool pur excédant 11 degrés centésimaux contenu dans les vins, cidres, poirés, hydromels, bières, vermouths, vins de liqueurs ou d'imitation et sur la totalité de l'alcool pur contenu dans les liquides provenant de la fermentation des figues, caroubes, dattes, dans les eaux-de-vie, esprits, liqueurs et fruits à l'eau-de-vie, dans les médicaments et les parfums et tous autres liquides alcooliques non dénommés.

Les alcools méthyliques ou autres, susceptibles de recevoir les applications de l'alcool éthylique y sont soumis. Tout mélange d'alcool méthylique et d'alcool éthylique, dans les spiritueux destinés à la consommation de bouche est formellement interdit.

La taxe est ramenée à 2 (deux) pesetas hassani par hectolitre d'alcool pur pour les alcools dénaturés en vue des usages industriels et suivant les procédés autorisés par arrêté du Grand Vizir.

(Dahir du 18 octobre 1914.)

V. — Franchises.

Sont admis à l'importation en exemption des *droits de douane* :

1° Phosphates et superphosphates de chaux ;
2° Scories phosphatées et phosphates métallurgiques ;
3° Sulfate d'ammoniaque (guano artificiel) ;
4° Guano du Pérou et poudrettes ;
5° Le matériel agricole.

Le bénéfice de la franchise est également accordé à toutes autres matières considérées comme propres à la fertilisation des terres, mais non susceptibles d'être utilisées autrement que comme engrais.

6° Les épaves provenant de navires naufragés, lorsque le bâtiment a été abandonné par l'équipage et le propriétaire.

Les marchandises recueillies à une faible distance d'un port et dont l'origine est connue ne bénéficient pas de la franchise.

Il en est de même des marchandises tombées à la mer pendant le débarquement ou le transbordement de bord à bord.

VI. — Prohibitions.

Est prohibée : l'importation des armes de guerre, pièces d'armes, munitions chargées ou non chargées de toutes espèces, poudres, salpêtre, fulmicoton, nitroglycérine et toutes compositions destinées exclusivement à la fabrication des munitions.

VII. — Importations conditionnelles.

L'importation des articles suivants est soumise à une règlementation spéciale :

Explosifs ;

Armes et munitions de chasse et de luxe ;

Soufre et opium ;

Tabacs.

VIII. — Admission temporaire.

Le régime de l'admission temporaire en franchise des droits de douane est applicable aux produits et objets repris à la nomenclature ci-après :

1° *Sacs vides* d'origine étrangère destinés à l'exportation des céréales, légumineuses, épices, sels et autres produits du crû ;

2° *Toiles d'emballage* utilisées pour l'exportation des laines et autres produits d'origine marocaine ;

3° *Caisses vides ou planchettes* devant servir à la fabrication de ces caisses destinées à l'exportation des œufs, des fruits et légumes frais, du poisson et tous autres produits naturels du pays ;

4° *Paille de bois* destinée à l'emballage des œufs exportés ;

5° *Boîtes vides en fer blanc montées ou non* devant servir à l'exportation du poisson, des fruits, légumes, viandes conservées :

6° *Fûts en bois, en tôle ou en fer vides* destinés à l'exportation des vins, huiles, poissons, câpres, eaux-de-fleurs d'oranger fabriquées au Maroc, eaux minérales naturelles et autres produits du crû ;

7° *Bouteilles vides* destinées à l'exportation des eaux gazeuses, eaux-de-fleurs d'oranger fabriquées au Maroc, eaux minérales naturelles et autres produits du pays ;

8° *Cercles et fils de fer* destinés à renforcer l'emballage des colis renfermant des marchandises marocaines exportées ;

9° *Échantillons* introduits par les représentants et les voyageurs de commerce ;

10° *Outils* mécaniques et matériel en cours d'usage apportés par les artisans, ouvriers et forains qui viennent momentanément exercer leur industrie au Maroc ;

11° *Objets* destinés à figurer dans les expositions ;

12° *Sherills et cordes* destinés à l'emballage des peaux exportées et autres produits du pays employant ce mode d'emballage ;

13° *Huile* destinée à la fabrication des conserves pour l'exportation ;

14° *Films cinématographiques et disques de phonographes impressionnés.* (Circ. n° 140.)

IX. — Cabotage.

Les marchandises embarquées dans un port marocain pour être transportées par mer dans un autre port de l'Empire sont assujetties à un droit de statistique et de pesage de 0.75 % *ad valorem.*

Le transport en cabotage des animaux et produits suivants, dont l'exportation est interdite, est autorisé moyennant consignation des droits ci-après :

Anes..........................	par tête	25 P. H.
Chevaux......................	»	125 »
Chèvres......................	»	1,875
Moutons......................	»	5,00
Mulets.......................	»	125,00
Miel.........................	*ad valorem*	10 0/0

EXPORTATION

Consulter, pour les droits de sortie, le Tarif des Douanes Chérifiennes, en vente à la Librairie Debrit, rue de Fez, à Tanger.

Droits d'exportation par les ports ouverts. — Presque tous les droits sont spécifiques. Il n'est fait exception que pour les articles suivants qui paient 5 %, *ad valorem* : tapis, plateaux en cuivre, petits pois verts, oignons, pommes de terre, citrouilles et bananes.

Droits d'exportation par la frontière algéro-marocaine. — Ces droits sont moins élevés que dans les ports marocains. Ils sont énumérés dans un tarif spécial. Quelques-uns sont spécifiques, d'autres sont *ad valorem* (5 %).

Produits marocains à leur entrée en France. — Ils sont tous atteints par le tarif minimum.

Produits marocains à leur entrée en Algérie par terre. — Ces produits ne paient, à leur entrée en Algérie, que des droits statistiques insignifiants (0 fr. 90 par bœuf, 0 fr. 10 par mouton et 0 fr. 10 par quintal de blé). Par mesure spéciale, les bœufs provenant des ports marocains peuvent débarquer à Nemours et sort considérés comme entrés par terre, à condition d'être ramenés vers la frontière marocaine avant de pénétrer définitivement en Algérie.

CRÉDIT ET MONNAIE

On pourrait apprécier la puissance de l'essor économique du Maroc à l'importance sans cesse croissante du mouvement des fonds dans les Banques. Les Sociétés financières s'installent chaque jour plus nombreuses dans les grandes villes du Maroc, à Casablanca et Rabat notamment.

Voici une liste des établissements de crédit existant au Maroc :

Banque d'État du Maroc. — Tanger. Agences à Casablanca, Rabat, Oudjda, Mogador, Mazagan, Larache, Saffi. — A Paris, 3, rue Volney.

Crédit Foncier d'Algérie et de Tunisie. — Agences à Rabat, Oudjda, Saffi, Fez, Mogador, Casablanca, Tanger et Kenitra. — A Paris, 43, rue Cambon.

Compagnie Algérienne. — Agences à Tanger, Casablanca,

Rabat, Saffi, Oudjda, Laraché, Kenitra. — A Paris, 22, rue Louis-le-Grand.

Crédit Marocain. — Tanger, Casablanca, Rabat, Marrakech. — Siège social, à Cette.

Société Générale pour le développement de l'industrie et du commerce en France et à l'Étranger. — Tanger et Casablanca.

Banque Commerciale du Maroc. — Casablanca et Tanger. — A Paris, 10, rue de Mogador.

Banque Lyonnaise. — Casablanca, Rabat, Ber Rechid, Settat. — A Lyon, 42, rue de l'Hôtel de Ville.

Banque Algéro-Tunisienne. — Tanger, Rabat, Casablanca, Meknès. — A Paris, 2, rue de Stockholm.

Ces établissements s'occupent de toutes opérations de banque, consentent des prêts hypothécaires, des crédits de campagne, des avances sur récolte.

On préconise la création d'une banque exclusivement marocaine qui s'occuperait principalement d'apporter aux petits colons ou aux propriétaires cultivateurs indigènes, l'aide financière dont ils ont particulièrement besoin à l'époque des semences. Cette institution serait intéressante, si une initiative intelligente et hardie, connue du monde indigène, savait grouper autour d'elle les grosses fortunes musulmanes. Les riches Marocains sont assez nombreux, en effet, qui placent leurs disponibilités à l'étranger de même que ceux qui, jusqu'à l'établissement du Protectorat, en raison du peu de sécurité que laissait aux individus un Makhzen cupide, ont purement et simplement enterré leur argent.

Les capitaux ne sont pas rares au Maroc et si, généralement, le taux de l'escompte et des avances est demeuré celui de 7 à 8 %, s'élevant parfois à 8 1/2, on peut affirmer que ce n'est là que la résultante d'une habitude qui s'expliquait par la large rémunération de leurs capitaux et de leur travail que trouvaient au Maroc les négociants.

Il est à remarquer que ce taux, qui n'a pas augmenté durant la guerre, tend à diminuer devant l'abondance des capitaux étrangers qui craignent moins de s'aventurer sur un champ d'exploitation aussi large que le Maroc pacifié.

Longtemps a persisté la légende que le Marocain ne payait

pas. En fait, s'il respectait difficilement les échéances, son excuse était simple et logique. Obligé continuellement de traiter ses affaires en deux monnaies, la monnaie d'or ou le franc qu'il devait rechercher pour effectuer ses achats en Europe, le hassani qu'il recevait de l'indigène en paiement de ses marchandises importées, il se trouvait quelquefois, devant les variations brusques du change, dans l'impossibilité de convertir sans perte le hassani en franc.

Mais l'apparition de notre monnaie sur les marchés, le développement de sa circulation, l'usage de plus en plus courant qu'en font les indigènes négociants, en assurant au pays le bénéfice d'une monnaie à valeur fixe, a facilité les transactions commerciales et les échéances se payent avec beaucoup plus de régularité.

La promulgation d'un dahir, assurant au Maroc une législation commerciale semblable en ce point à la législation française, a forcé les récalcitrants et les négligents à mieux respecter les engagements en même temps qu'elle a empêché, sans doute, les mauvais payeurs de continuer à trafiquer à l'aide d'un crédit difficile à contrôler.

Les principaux établissements de crédit ont des agences dans les ports, et les villes principales de Marrakech et Meknès ouvriraient des débouchés à de nouvelles agences de banques, cependant qu'il y aurait intérêt pour une institution de crédit telle que nous l'avons définie au début, douée de statuts assez larges et plus conformes aux habitudes commerciales du Maroc, à posséder des « agences foraines » ou des correspondants mobiles dont les bureaux s'ouvriraient tel jour et sur tel gros marché de l'intérieur.

En principe, toutes les monnaies sont admises au Maroc. La monnaie marocaine et la monnaie française sont couramment employées dans le Protectorat français.

La monnaie marocaine courante (*hassani, azizi, hafidi* ou *yesfi*) se décompose en *rial* ou *douro* (5 pesetas hassani) *nouç rial* ou *nouç douro* (2 P. H. 50), *robâ rial* ou *robâ douro* (1,25), *guerch* ou *zoudj billioun* (0,50) ; *billioun* ou *grich* (0,25). Le change de cette monnaie oscille entre 120 et 150 °/₀ (100 fr. = 120 à 150 pesetas hassani, suivant l'époque).

La monnaie française tend de plus en plus à remplacer la

monnaie marocaine dans les centres habités par des Européens. On ne trouve presque pas d'or français en circulation. Les billets les plus couramment employés sont ceux de la Banque d'Algérie.

POIDS ET MESURES

Le système des poids et mesures locaux est infiniment variable au Maroc.

Voici quelques-unes des unités les plus employées dans le Nord et l'Ouest :

Mesures de longueur.	Qama	1 m 50 environ.
	Draa	0 m 50 —
	Cheber	0 m 25 —
Mesures de capacité..	Moudd	64 litres env.
	1/2 Moudd	32 — —
Mesures de poids....	Quentar attari	50 kilos env.
	— baqqali = 80 — —
	— guezzari = 100 —
	Retel = 1 — —

Le système métrique tend à s'introduire peu à peu dans les villes et sur les grands marchés ruraux. Les poids et mesures anglais sont encore employés par les négociants israélites et musulmans dans les centres urbains.

COMMERCE

I. — Mouvement général du commerce.

Le commerce maritime du Maroc français a plus que doublé dans les cinq années qui ont précédé la guerre comme en témoigne le tableau ci-après :

	Importations	Exportations	Totaux
	Francs	Francs	Francs
1909............	47.579.485	36.745.240	84.324.725
1910............	40.646.590	29.644.668	70.291.258
1911............	52.899.202	55.032.778	107.931.980
1912............	92.479.340	58.087.383	150.566.723
1913............	149.794.979	30.865.639	180.660.618

De l'examen détaillé des statistiques, il ressort que dans ce trafic général la France occupe le premier rang, bien avant l'Angleterre, l'Allemagne, l'Espagne et l'Italie.

En effet, l'année qui a précédé la guerre, les importations en provenance de la France et de l'Algérie ont atteint une valeur totale de 79.013.889 francs contre 31.675.650 francs pour les importations d'origine anglaise et 13.177.671 francs pour les importations d'origine allemande.

En 1913 les principales marchandises importées dans le Protectorat ont été les suivantes :

Sucre...........................	30.002.125 fr.
Tissus de coton...................	18.268.923
Thé.............................	6.844.274
Matériaux de construction.........	4.913.000
Bois de sapin brut et scié.........	4.734.652
Vins............................	4.268.484
Fers bruts et laminés.............	4.044.951
Vêtements confectionnés..........	3.422.981
Bougies.........................	2.601.663
Ferronnerie, serrurerie...........	2.206.082
Tissus de laine..................	2.161.694
— de soie....................	1.701.099
Meubles........................	1.428.568

Les principaux produits marocains exportés sur la France sont :

Peaux et pelleteries.
Laines et déchets.
Légumes secs.

Si, d'autre part, on consulte le mouvement général de la navigation dans les ports français du Maroc, on remarque une supériorité évidente de notre pavillon sur les pavillons étrangers. Dans le cours de l'année 1913, plus de 1.900 navires ont fréquenté les ports de Kenitra, Rabat, Casablanca, Mazagan, Mogador et Safti . Sur ce total, 712 navires d'un tonnage global de 726.756 tonnes étaient français, 361 espagnols, 322 anglais et 171 allemands.

II. -- **Commerce de gros** [1].

Les principales marchandises françaises et étrangères importées par les ports du Maroc ou par la frontière algérienne peuvent être divisées en deux catégories bien distinctes :

a) *Articles pour Indigènes ;*

b) *Articles pour Européens ;*

Les principaux articles pour indigènes sont : le sucre, les cotonnades, le thé, les bougies de paraffine, les semoules, le savon, les épices, la quincaillerie, la bimbeloterie de qualité inférieure, les draps et soieries, les fils de soie et de coton, etc.

Les principaux articles de consommation européenne sont les matériaux de construction (bois, fers, ciments, chaux, briques, etc.), les produits alimentaires (épicerie, conserves, pâtés, vins liqueurs), les farines, les vêtements, les machines et articles similaires (carrosserie, instruments agricoles, quincaillerie), les tabacs, les articles de bazar (parfumerie, articles de Paris, meubles), le pétrole, etc. Les indigènes sont, du reste, acheteurs de certains articles d'usage courant chez les Européens.

Ces deux catégories de marchandises peuvent d'ailleurs se répartir en quatre spécialités :

1° Tissus et fils ;

2° Produits alimentaires ;

3° Matériaux de construction ;

4° Divers.

Il serait utile, pour les fabricants et les firmes d'une même

1. Demander à l'Office Chérifien la brochure « Le Commerce au Maroc . Conseils aux négociants de la Métropole », par M. René Leclerc, chef du service des études économiques.

région de France, de se solidariser en vue d'assurer à un voyageur de commerce ou à un représentant établi sur place un traitement *fixe* et des frais de déplacement qui, répartis entre plusieurs fournisseurs de produits différents, se subdiviseraient en cotisations minimes pour chacun. Les fabricants établis à proximité de Marseille, Bordeaux, Nantes, Dunkerque, Le Havre, devraient étudier très attentivement les préférences de la clientèle marocaine (européenne ou indigène) et s'efforcer de donner satisfaction à cette clientèle.

Un négociant de la Métropole désireux d'introduire ses produits au Maroc devra :

1° Venir (ou envoyer un représentant sérieux) se rendre compte sur place des débouchés du pays ;

2° Choisir de bons placiers visitant la clientèle ;

3° Tenir compte que les crédits accordés par le commerce étranger au Maroc sont à long terme (90 et même 120 jours) ;

4° Soigner spécialement l'emballage de ses marchandises.

Des entrepôts de gros, toujours bien approvisionnés et gérés par des agents connaissant bien le pays, la clientèle et la langue arabe, peuvent réussir à Rabat, Salé, Kenitra, Fez, Meknès, Casablanca, Marrakech et Safti. Les agents devront être en relations très suivies avec les détaillants et les négociants en demi-gros de ces villes et des petites localités qu'elles desservent. Le commerce d'importation comporte un certain nombre d'articles qui sont presque exclusivement d'origine étrangère. Les négociants et fabricants français se doivent de rechercher les causes de cette situation et d'étudier s'il n'y a pas pour eux une place à prendre dans la fourniture des articles en question.

On préconise la création de caravansérails-entrepôts à Kenitra, Salé, Meknès, Fez, Mazagan et Marrakech, pour le trafic indigène tant d'importation que d'exportation.

Le commerce d'exportation en gros est pratiqué par de vieilles maisons indigènes et européennes. Le plus souvent, ces firmes sont importatrices de marchandises en gros et pratiquent le système de l'association agricole avec les indigènes. Ce commerce nécessite, en général, l'immobilisation de capitaux importants.

III. — Commerce de demi-gros et de détail

Il y a lieu de conseiller aux petits et moyens commerçants de ne s'installer qu'avec circonspection, en raison de la concurrence européenne et indigène et de la cherté des loyers dans la plupart des villes du Protectorat.

A Casablanca et à Rabat, les articles d'usage exclusivement européen trouvent des débouchés intéressants parmi la clientèle européenne et israélite. Cette clientèle est plus réduite dans les autres ports et dans les villes de l'intérieur.

En ce qui concerne les articles pour indigènes, leur commerce ne peut être pratiqué au détail que par des boutiquiers musulmans ou israélites.

Dans les localités où la population européenne atteint de 1.000 à 2.000 âmes (sans compter la garnison), il est nécessaire de grouper différentes spécialités, par exemple l'épicerie, la charcuterie et la boulangerie, la confection, les chaussures et la mercerie ; les articles de bazar et la quincaillerie ; la droguerie et la peinture en bâtiments ; la pharmacie et les articles de photographie.

En général, une concurrence active s'exerce sur les produits alimentaires.

Avant d'installer un magasin ou une boutique dans une ville marocaine, l'intéressé devra soit faire un voyage sur place, soit écrire, pour se renseigner, au Consulat de France de la localité où il désire se fixer.

Les produits d'exportation comprennent les animaux vivants (bœufs, porcs, volailles) ; les dépouilles animales (crins et poils de chèvres, laines, œufs, peaux) ; les céréales et graines (blés, orges, maïs, fèves, lentilles, pois chiches, alpistes, graines de lin, coriandres, cumins, fenugrecs) ; les fruits (oranges, amandes, dattes, noix) ; les gommes ; les plantes industrielles (arbustes résineux, palmiers nains, chanvres à fumer, feuilles de rose, alfa, takaout) ; les huiles d'olive ; les articles fabriqués (babouches, bourses et sacoches en cuir, haïks, djellabas, tapis de laine, poteries, plateaux en cuivre, fusils, etc.).

IV. — **Industrie**.

L'industrie européenne en est encore à la période de début dans les villes autres que Casablanca. On peut préconiser l'installation de moulins, fabriques de glace et eaux gazeuses, soieries mécaniques, fabriques de conserves de viande et de poisson, fabriques de crin végétal, usines pour broyer les écorces à tan, laveries de laine, huileries, services de transports terrestres, de navigation en rivière, hôtelleries, cinématographes ; la construction de villas et maisons de rapport ; la fabrication de matériaux de construction, etc.

Naturellement, ces questions d'installations industrielles, étant très délicates, méritent une enquête approfondie sur place de la part des intéressés.

V. — **Conseils aux Industriels et Commerçants français** [1].

Le programme à réaliser.

Les efforts à tenter au Maroc sont de deux sortes en matière de commerce d'importation :

1° Maintenir nos positions pour les articles dont nous sommes les principaux importateurs ;

2° Tâcher d'augmenter nos importations pour les articles dont nous n'importons que de faibles quantités, en essayant de profiter tout d'abord de la disparition du commerce austro-allemand.

La proportion de nos ventes au Maroc n'est pas ce qu'elle devrait être et pourrait être sensiblement accrue.

Une connaissance plus approfondie des besoins commerciaux et des ressources économiques du Maroc, des tarifs maritimes

---

1. Extrait de la brochure « Le Commerce au Maroc. Conseils aux industriels et négociants de la Métropole », par M. René Leclerc, chef du service des études économiques à la Résidence générale.

plus réduits nous donneraient incontestablement la maitrise du commerce de ce pays.

La nécessité pour nous d'avoir pour clients les pays qui sont dans notre voisinage a d'ailleurs été trop souvent oubliée jusqu'ici par nos industriels et nos commerçants. Il serait désirable de voir se créer en France un courant d'émigration commerciale (représentants, voyageurs de commerce, produits commerciaux) vers les contrées qui ne sont séparées de la Métropole que par quelques centaines de kilomètres.

On ne saurait trop attirer l'attention du commerce marocain sur les avantages qu'offrent les grosses maisons de commission fixées dans les grands ports d'exportation de la métropole et qui sont en mesure de fournir, sur demande, n'importe quels produits. De leur côté, ces maisons gagneraient à avoir au Maroc des agents régionaux sachant bien parler l'arabe, très actifs, visitant fréquemment les indigènes et munis de catalogues faciles à consulter par les indigènes et agrémentés de gravures coloriées.

Mais ce n'est pas seulement par un échange de correspondance que les négociants et fabricants de la Métropole entameront des pourparlers avec les maisons marocaines. Il faut qu'ils envoient sur place des agents qui visiteront la clientèle ou qui s'entendront avec des commissionnaires sérieux du pays pour leur confier leur représentation.

Les procédés à employer.

Il est essentiel en effet que les représentants et agents de maisons françaises dans les villes marocaines visitent régulièrement et fréquemment la clientèle indigène, qu'ils possèdent un échantillonnage très complet et très varié des articles dans lesquels ils se sont spécialisés. Ils peuvent créer, comme les Allemands, de petits musées d'échantillons annexés à leurs magasins et à leurs bureaux. C'est en voyant et en manipulant les produits en question que les négociants marocains seront tentés de passer de nouveaux ordres.

Les maisons de France qui cherchent à entrer en relation avec les commerçants établis au Maroc pourront facilement se procurer à l'Office du Gouvernement Chérifien, 31, Galerie d'Orléans, Palais-Royal, à Paris, une première liste des firmes de gros connues comme solvables et sérieuses. Elles pourront demander des renseignements complémentaires au « Service économique » de la Résidence générale à Rabat.

Lorsqu'une maison de France n'aura point de relations avec un correspondant fixé dans le pays, elle pourra adresser plusieurs exemplaires de ses catalogues et tarifs au « Service économique » de la Résidence générale à Rabat, qui se chargera de les répartir dans les villes où les articles de cette Maison auront des chances de trouver un débouché.

La fabrication et les goûts de la clientèle.

La grosse majorité des Marocains, musulmans ou israélites, recherche les articles d'importation très bon marché, fussent-ils de qualité très inférieure. Il ne faut guère songer à lui imposer des produits de fabrication plus soignée, et par conséquent plus coûteux.

Une préoccupation que devront avoir également les maisons exportatrices, c'est celle de savoir si tel article destiné au Maroc ne peut pas trouver également un débouché dans des pays voisins tels que l'Afrique occidentale, l'Algérie, la Tunisie ou des pays similaires comme la Tripolitaine, l'Egypte, l'Asie Mineure.

Dans tous ces pays vivent des indigènes musulmans ou Israélites, aux mœurs plus ou moins primitives, et qui ont un fond de besoins communs, de coutumes et de conditions de vie identiques.

Il peut se faire qu'une maison de la Métropole qui aura son attention attirée sur tel article en usage au Maroc s'abstienne de s'engager dans une fabrication parce qu'elle appréhendera un débouché insuffisant.

Mais le même article, — ou en tout cas un article similaire, — aurait peut-être le même succès au Sénégal, en Algérie, en Tunisie, — ou encore en Egypte, en Turquie d'Asie.

Grâce à ces débouchés variés, certaines maisons peuvent donc avoir intérêt à fabriquer en grosses quantités des articles en série, de qualité inférieure et bon marché (les plus demandés par la population indigène des pays qui nous occupent.)

Conditions de vente.

La vente des marchandises aux négociants indigènes se fait

soit *fob* (franco-bord), soit *caf* (coût, assurance et fret) dans un port marocain. Il est indispensable d'opérer ainsi, les indigènes ou les maisons européennes à clientèle indigène se refusent à commander des marchandises dont les prix sont cotés prises à l'usine, à la maison de commission, en gare, ou même au port d'embarquement.

Les expéditeurs français doivent avoir à cœur de faire leurs livraisons aussi rapidement que possible, en se conformant strictement aux ordres passés, et s'efforcer d'obtenir des agences de messageries et des compagnies de navigation des tarifs de transport aussi modérés que possible et propres à favoriser l'exportation.

Les conditions de paiement de nombreuses maisons étrangères sont les suivantes : payables au comptant avec 2 1/2 % d'escompte [1], ou avec un crédit de 90 à 120 *jours*, crédit renouvelé de 3 mois en 3 mois avec un intérêt minimum de 6 0/0 l'an.

Par conséquent, au point de vue des paiements, les maisons françaises ne doivent pas hésiter à consentir d'assez longs crédits (90 à 120 jours), renouvelables moyennant un intérêt basé sur le taux d'escompte de la Banque de France aux clients européens et indigènes connus comme très sérieux et de tout repos. Leur représentant au Maroc pourra d'autre part s'entendre avec une Banque locale pour accorder, le cas échéant, à des clients d'importance moyenne, offrant toutes garanties, des délais de paiement avec intérêts d'usage.

Les Marocains, même aisés, n'aiment pas payer comptant. Ils tiennent à avoir de longs délais de paiement, dussent ces délais entraîner des intérêts assez élevés.

Les intéressés pourront d'ailleurs trouver, sur les commerçants européens et indigènes du Maroc, des renseignements auprès des banques françaises qui ont des agences dans la plupart des villes marocaines. Toutes ces banques ont, du reste, une succursale importante à Casablanca, à savoir :

Banque d'État du Maroc ;
Société Générale ;
Crédit Foncier d'Algérie et Tunisie ;
Banque Algéro-Tunisienne ;

1. L'acheteur marocain choisit rarement ce procédé.

Compagnie Algérienne ;
Crédit Marocain ;
Banque Commerciale.

Si les fabricants et commissionnaires de France éprouvaient quelque appréhension à consentir tout de suite des crédits à des maisons indigènes fussent-elles très honorablement connues, ils pourraient commencer à traiter avec des maisons françaises de gros établies au Maroc, sans changer leurs conditions habituelles de vente. Si les marchandises offertes étaient avantageuses, les firmes françaises locales se chargeraient de les introduire chez les commerçants indigènes auxquels elles accorderaient, avec l'aide des banques, des facilités de paiement.

Les moyens de transport.

Les transports à destination de l'intérieur du pays se font par animaux de bât (chameaux ou mulets), par charrettes ou par camions automobiles, suivant les régions, selon l'état des pistes et la saison. En règle générale, on peut estimer que tant que le réseau de routes ne sera pas achevé, le transport par animaux de bât restera le meilleur marché (1 franc à 2 francs la tonne kilométrique.)

Les expéditions se font, depuis les ports, soit par les transitaires ou les maisons de commerce européennes, soit par les commissionnaires indigènes (*gebbala*) que les négociants marocains en gros de Fez et de Marrakech entretiennent dans ces ports. Quel que soit le cas, la commande est toujours adressée au port de transit, et s'il s'agit d'un paiement au comptant, le connaissement est retiré par le destinataire ou par son mandataire au guichet d'une des banques qui ont une agence dans cette ville maritime. Ceci dit pour signaler aux fabricants et négociants qu'il leur suffira d'expédier leurs marchandises *caf* (coût, assurance et fret payés) en rade de tel port de débarquement, et qu'ils n'auront à se préoccuper ni du débarquement, ni du dédouanement, ni de la réexpédition vers l'intérieur du pays : opérations qui regardent toujours les négociants et commerçants locaux.

En général, et quand cela est possible, les marchandises destinées soit aux indigènes, soit aux villes de l'intérieur doivent être divisées en ballots de 60 à 70 kilos (qui, accouplés, constituent une charge de mulet de 120 à 140 kilos) ou en ballots de 100 à 125 kilos (qui, réunis deux à deux, formeront une charge de chameau de 200 à 250 kilos). Ces ballots doivent être facilement maniables et présenter au moins un côté plat qui s'adaptera au bât de la bête de somme. Le mieux est de les envelopper de toile d'emballage très forte, cousue ou cordée très serrée, avec des « oreilles » aux coins pour la manipulation. Quand la marchandise craint l'humidité ou la pluie, il est bon de la doubler, sous la toile, d'un papier goudronné étanche.

Les caisses et les barils devront comporter également les limitations de poids indiquées plus haut, chaque fois qu'on le pourra.

Les emballages.

Les emballages doivent être particulièrement soignés à cause des difficultés de débarquement et de manipulations très rudes que subissent les colis sur rade et au cours des transports terrestres (caravanes).

Les emballages les plus courants sont les suivants :

Sucre en pains : En sacs de jute (les pains mélangés à de la paille pour préserver de la casse) de 56 à 60 kilos.

Café : En sacs de poids variable.

Épices : En petits sacs de 25 à 30 kilos, de sorte que 4 sacs constituent une charge de mulet et 8 sacs une charge de chameau.

Parfums divers : En petites caisses solidement clouées.

Papiers : En ballots enveloppés de papier fort ou goudronné et solidement ficelés.

Fils de coton, de laine, soies grèges : En ballots de toile d'emballage.

Bougies : En caisses de dimensions et de poids assez variables, mais se chargeant facilement sur les chameaux ou les mulets.

Tissus divers : En ballots de toile d'emballage. (Les cotonnades anglaises arrivent dans les ports en énormes ballots pesant parfois plus d'une tonne. Le commissionnaire indigène (*quebbal*) se charge de les déballer et de répartir ces tissus en charges de chameau ou de mulet ordinaires.)

Verrerie, porcelaine et faïences, fers émaillés En caisses ou en tonneaux.

Marbres : En caisses à claires-voies, avec ferrures sur les côtés et aux coins.

Riz et autres légumes secs : En sacs.

Liquides : Les bouteilles en caisses très soigneusement emballées et très solides ; les tonneaux ne doivent pas avoir de trop grandes dimensions si on veut qu'ils puissent être transportés par chameaux ; leur poids, avec leur plein de liquide, ne doit pas dépasser 100 kilos. Les bonbonnes doivent être en verre très épais et abrités jusqu'au col par de fortes enveloppes en osier.

Thé : Caissettes de 20 à 30 kilos, doublées d'étain ou de zinc à l'intérieur, et recouvertes de paillassons en sparterie à l'extérieur (cette enveloppe extérieure est généralement ajoutée par les courtiers dans les ports).

Le choix des agents.

A défaut de Français, on peut avoir comme agents, représentants ou commissionnaires, des indigènes algériens ou tunisiens, des Israélites algériens, tunisiens ou marocains. Néanmoins, des représentants français de la Métropole, ayant des relations personnelles avec les maisons d'une ville ou d'une région de la France qu'ils représentent, constitueraient un excellent noyau d'agents au bénéfice de l'importation française.

Parmi les solutions pratiques, on peut préconiser l'installation, dans les grandes villes du Maroc, de dépôts d'échantillons et de stocks de marchandises non périssables confiés à des agents spécialement choisis et appointés, — pendant la première ou les deux dernières années tout au moins, — par une association régionale de fabricants produisant des articles différents.

Les Associations de fabricants.

Supposons le cas de 10 maisons d'une même province française qui s'entendraient pour avoir au Maroc un représentant choisi parmi leurs compatriotes, par exemple un jeune homme sortant d'une École supérieure de commerce et appartenant à une famille honorablement connue dans le pays. Supposons encore qu'il s'agisse de maisons assez mal placées à cause de leur éloignement de la mer : la Franche-Comté, avec le Jura et le territoire de Belfort.

— 55 —

Les 10 maisons se répartiraient ainsi :

> Une fabrique d'articles en fer émaillé et battu de Beaucourt ;
> Une fabrique de montres à bon marché de Montbéliard ;
> Une fabrique de pendules d'exportation de Besançon ;
> Une fabrique d'horlogerie moyenne et de luxe de Besançon ou de Montbéliard ;
> Une fabrique de mousselines et satinettes à bon marché de Giromagny (Belfort) ou de Montbéliard ;
> Une fabrique de soie artificielle (Besançon) ;
> Une fabrique de tabletterie et articles de bazar (Saint-Claude) ;
> Une fabrique de lunetterie du Jura ;
> Une fabrique d'articles de quincaillerie, d'outils, de clouterie, ferronnerie, etc., de Beaucourt ;
> Une maison de fromages du Jura.

Chacune de ces maisons pourrait servir, pour commencer, un appointement mensuel de 30 francs à cet agent, pour lui assurer un fixe de 3.600 francs par an, à charge, pour lui, de ne s'occuper que de ces maisons.

La première année d'installation dans une ville du Maroc serait surtout consacrée par ce représentant à la visite de la clientèle : ce qui n'empêcherait pas de réaliser, tout de suite, un certain nombre d'affaires qui représenterait au *minimum* une moyenne de 3.600 francs par an et par maison. Si la maison, pour commencer, se contentait d'un bénéfice *minimum* de 10 °/₀, elle récupérerait dès la première année le fixe qu'elle aurait versé à son représentant, *et elle se serait fait connaître sans rien débourser*. Rien ne dit d'ailleurs qu'elle ne ferait pas, pour débuter, un chiffre d'affaires plus important. Et en admettant que des circonstances malheureuses fassent que la somme de 360 francs versés par elle soit une perte sèche, elle constituerait un « profits et pertes » infime. Peut-être certaines des dix fabriques représentées verraient-elles leur chiffre d'affaires augmenter rapidement, tandis que d'autres ne trouveraient qu'un faible débouché à leurs produits. Ce serait au Syndicat de fabricants d'examiner sous quelle forme il devrait rembourser leurs frais aux associés n'ayant pas obtenu de résultat intéressant, et continuer à fonctionner en groupant seulement ceux dont les affaires seraient prospères. Après avoir acquis une certaine expérience du Maroc, le représentant pourrait être tenté par une branche d'activité plus lucrative. A ce moment, il n'aurait qu'à passer ses représentations à un nouvel agent choisi par les maisons intéressées qui, désormais connues, se seraient créé une place définitive au soleil marocain.

Ce qui est vrai pour la Franche-Comté, l'est également, à des degrés plus ou moins importants, pour d'autres régions de la France. Dans chacune de ces régions, un groupe de maisons ou de fabriques de bonne volonté peut choisir un représentant et l'envoyer au Maroc faire, à peu de frais, son éducation commerciale locale et, — si possible, — les affaires de ceux qui l'ont désigné comme agent.

Nécessité d'instruire la fabrication française.

Jusqu'ici, la plupart des représentants de commerce et commissionnaires installés au Maroc s'adressaient à la France pour les seuls articles dont elle avait en quelque sorte le monopole du fait de la tradition, des habitudes marocaines, de certains besoins spéciaux. *Mais ils ne faisaient aucun effort* pour découvrir en France la fabrique produisant tel article susceptible de concurrencer un article étranger en usage au Maroc, ou pour essayer de persuader une maison française qu'en fabriquant tel objet, dans telles conditions, elle trouverait un débouché certain au Maroc.

Le commissionnaire ne vivait que de ses seuls courtages et l'agent d'une maison de commerce *indépendante* ne recherchait, avant tout, que son bénéfice immédiat. L'un ou l'autre s'efforçait de travailler en rencontrant le minimum de difficultés et considérait comme une perte de temps le fait de rechercher si telle région de la France, telle ville, telle usine ne pourrait pas fournir tel article sinon plus avantageux, du moins *aussi avantageux* que tel produit connu de provenance étrangère.

Un courtier ou un négociant français établi au Maroc qui n'aura pas un *intérêt réel et direct* (tel qu'un traitement fixe, sorte de compensation à ses études, ses démarches, sa correspondance) ne se livrera pas volontiers à une enquête de ce genre ; encore moins un marocain ou un étranger.

Comme le disait en effet très justement M. Périer dans son remarquable rapport sur le commerce français en Angleterre :

« Il est aisé de comprendre que, par intérêt, par amour-propre, par hérédité, par éducation, nul n'est plus apte à pousser à l'étranger la vente d'un produit que l'homme né dans le pays d'exécution de ce produit ou mieux encore dans la région même d'où il provient. »

Le jeune représentant français qui se serait voué au commerce marocain et qui correspondrait directement avec un certain nombre de maisons lui assurant un traitement fixe, plus une commission, aurait tout intérêt à travailler activement pour faire triompher les articles représentés. Ce serait, en effet, sa carrière qui serait en jeu. Il est peu probable qu'il obtienne pour débuter la représentation d'un ou plusieurs produits de tout repos, bien installés dans le pays et demandés de tous côtés. Ces représentations commodes sont l'apanage des vieilles maisons ou des commissionnaires établis depuis longtemps dans le pays. Le nouveau venu devrait donc lutter afin de tailler une place à ses articles. Pour cela, il faudrait une entière bonne volonté des deux côtés: de la part du représentant qui chercherait à découvrir les *failles* de la concurrence étrangère; de la part du fabricant qui s'efforcerait de donner satisfaction à son agent et de lui fournir exactement ce qu'il demande en qualité, en prix, en mode d'emballage, d'expédition, etc.

Pour être bien représenté.

Pour conclure, il est donc souhaitable:

1° Que des agents français représentent au Maroc des maisons et des industries d'une même région de la Métropole et qu'ils soient eux-mêmes originaires de cette région, c'est-à-dire parfaitement au courant de ses aptitudes commerciales et industrielles. Ils pourraient d'ailleurs mieux, de la sorte, s'expliquer avec leurs commanditaires et ceux-ci auraient en leurs représentants une confiance plus grande;

2° Que l'agent français ainsi choisi soit tenu ou bien de ne représenter qu'une seule maison (si ses produits en valent la peine), ou bien de ne s'occuper que d'un groupe déterminé de maisons françaises dont les articles ne se concurrenceraient pas entre eux; qu'il reçoive un fixe des négociants ou industriels qu'il représente, plus une part sur les bénéfices.

Il est en général difficile pour une maison d'exiger que son représentant ne s'occupe que des articles fabriqués ou fournis par elle, car la seule représentation de ses produits ne suffirait pas à créer une situation suffisante à ses agents.

Il y a au contraire en France un grand nombre de petites et moyennes firmes auxquelles il serait profitable d'être représentées au Maroc par des agents français actifs et sérieux. On a vu plus haut l'intérêt qu'il y aurait à ce que plusieurs maisons se solidarisent pour assurer un fixe à un agent chargé de leur rechercher des débouchés au Maroc.

Il peut y avoir d'ailleurs « le voyageur de commerce » à frais communs et le « représentant à poste fixe » également à frais communs. Cette seconde formule paraît devoir être la plus intéressante.

L'égalité commerciale.

Jusqu'ici, les importations françaises au Maroc ont eu à lutter, à armes égales, avec les importations étrangères. En vertu du principe de l'égalité économique, elles sont placées sur le même pied, puisque les droits d'importation sont identiques pour toutes les puissances.

Le fret maritime.

Les marchandises originaires de la Métropole, qu'elles proviennent de l'Ouest de la France ou de Marseille, ont l'avantage d'être amenées du pays d'Europe qui est le plus rapproché du Maroc, — après l'Espagne. Il semble qu'il devrait en résulter un fret sensiblement inférieur à celui appliqué aux marchandises venant d'Angleterre, de Hollande, d'Allemagne, de Belgique ou d'Autriche. En réalité, cette différence de fret n'existait pas avant la guerre.

Il serait désirable que nos Compagnies de navigation cherchent à pratiquer pour le Maroc un fret toujours au-dessous de celui des pavillons étrangers. Un abaissement des tarifs rendrait certains de nos produits inconcurrençables et permettrait à d'autres de concurrencer certains produits étrangers.

En ce qui concerne les exportations de la France vers le Maroc, elles devront, autant que possible, se faire méthodiquement, en tenant compte surtout de l'itinéraire le plus économique.

Les marchandises issues des provinces du Nord, de l'Est, de

l'Ouest, du Sud-Ouest, de l'Ile de France et du Centre-Ouest, ont intérêt à passer par Dunkerque, le Havre, Nantes, la Rochelle, Bordeaux, avec transbordements à Bordeaux, tant que ce port reste seule tête de ligne de l'Atlantique sur le Maroc.

Les marchandises originaires de la Provence, du Lyonnais, du Dauphiné, du Languedoc et du Centre-Est ont au contraire intérêt à être exportées par Marseille.

La navigation française.

Il faut souhaiter que les lignes de navigation françaises secondent de tous leurs efforts notre industrie nationale dans les tentatives qu'elle fera pour supplanter le commerce austro-allemand au Maroc. Le coût du fret étant, pour les marchandises lourdes ou pauvres, un des éléments principaux du prix de revient, il est évident que les produits français de cette catégorie destinés aux ports marocains devraient être transportés à des prix très avantageux, quitte à augmenter le fret des articles de luxe ou des marchandises légères. Les Compagnies de navigation françaises sont d'ailleurs les premières intéressées à favoriser, par des tarifs réduits, l'exportation des produits français au Maroc. Plus elles faciliteront les échanges entre les fabricants de la Métropole et la clientèle marocaine, plus elles augmenteront leurs possibilités de fret et de cargaison.

L'exportation des produits marocains.

Depuis deux ou trois ans, les maisons françaises du Maroc et les acheteurs de la Métropole commencent à tourner davantage les yeux vers les possibilités d'exportation de produits marocains et à s'apercevoir que certains articles jusqu'ici négligés par le commerce français peuvent trouver d'intéressants débouchés en France. C'est ainsi que les blés marocains peuvent trouver un abondant débouché sur la place de Marseille, à condition naturellement qu'ils soient destinés à la réexportation sous forme de farines, semoules ou pâtes alimentaires. (Système des acquits à caution.)

Les huiles d'olives, les fèves, les pois chiche, les amandes et nombre de graines marocaines peuvent également trouver à s'écouler en France.

Jusqu'à une époque récente, les produits marocains achetés

par la Métropole l'étaient par la force des choses, soit qu'il s'agisse d'articles dont les cours très avantageux attiraient nécessairement l'attention des acheteurs, soit que certaines maisons de commerce françaises d'exportation établies au Maroc (encore très nombreuses), aient suffisamment gagné la confiance de leurs correspondants ou de leurs commanditaires de France pour les persuader de l'avantage à eux offert en s'approvisionnant au Maroc de certains produits.

Certains malentendus paraissent exister encore entre l'acheteur de la Métropole et le négociant ou le courtier installé au Maroc. C'est ainsi qu'il règne dans les ports de France de fâcheux préjugés sur la qualité des produits marocains. Une atmosphère de défiance s'est créée notamment, sur certaines places, contre les laines, les peaux, les amandes, les cires marocaines. Il y a de nombreuses années, diverses maisons de la Métropole n'ont pas eu à se louer des courtiers indigènes marocains auxquels elles s'adressaient pour se procurer des articles d'exportation du pays; elles ont eu des déboires en recevant des produits falsifiés, et au lieu d'envoyer sur place des agents sérieux, capables de créer une succursale de leur firme dans les ports marocains, ces maisons ont préféré rompre toutes relations avec le Maroc, et s'adresser ailleurs.

Ces incidents regrettables avaient discrédité pour un temps les exportations de ce pays, et le courant avait été malaisé à remonter.

Pour la reprise des affaires d'exportation.

Cependant, tel gros industriel ou négociant de France ne serait pas fâché de rechercher s'il peut s'approvisionner au Maroc et y trouver les matières premières dont il a besoin. Mais il se défie; il aimerait autant ne pas avoir affaire à un courtier indigène et préférerait traiter avec un de ses nationaux établis au Maroc. Mais lequel? Il lui faudrait un agent sûr, honorable, actif, connaissant la partie. A qui s'adresser? Les comptoirs français connus, installés depuis de nombreuses années dans les ports du Maroc, ont tous en France leurs acheteurs, leurs commissionnaires ou leurs commanditaires attitrés. Ils ne sauraient les négliger ou les abandonner. Quant aux autres Français, quels sont parmi eux ceux qui réunissent les qualités exigées par ce négociant ou cet industriel de la Métropole? Certes, il ne manque pas de Français du Maroc qui seraient désireux de trouver dans la Métropole des débouchés à l'exportation marocaine, qui seraient capables d'expédier des marchandises vérifiées, choisies et correspondant en tous points au signalement donné à l'acheteur. Mais pour eux le problème apparait sous une autre face. A qui s'adresser? Où trouver un acheteur sûr, consciencieux, avec lequel on puisse entamer des pourparlers durables et suivis? Est-ce au hasard des nomenclatures des annuaires? Non, certainement.

La solution du problème consistera à ce que, des deux côtés, toutes ces bonnes volontés faites pour s'entendre se rencontrent.

Il faudra que les négociants sérieux désirant exporter du Maroc et importer en France fassent l'effort nécessaire pour entrer en contact et lier partie.

Un des moyens qu'on peut leur conseiller, c'est de s'adresser à l'Office du Gouvernement Chérifien à Paris, 31, Galerie d'Orléans, Palais-Royal, ou au « Service des Études Économiques » de la Résidence générale à Rabat en mentionnant les opérations commerciales auxquelles ils désirent se livrer et en faisant part de leur désir d'entrer en relations avec un correspondant. Ces deux organes s'efforceront de les mettre en rapport avec des négociants susceptibles de faire affaire avec eux.

Il y a donc un sérieux effort à tenter pour grossir le chiffre du trafic d'exportations marocaines sur la France. Cet effort mérite d'être secondé par nos Compagnies de Navigation de Marseille et de l'Ouest de la France, qui reconnaissent d'ailleurs l'intérêt qu'elles ont à assurer à leurs vapeurs un fret de retour aussi abondant que possible.

RENSEIGNEMENTS ÉCONOMIQUES ET COMMERCIAUX

Les intérêts commerciaux sont représentés à Rabat et Casablanca par des *Chambres françaises consultatives de Commerce et d'Agriculture*. Elles comprennent des citoyens français; elles sont essentiellement consultatives. Les autorités locales et la Résidence générale sollicitent leurs avis sur toutes les questions touchant aux intérêts commerciaux, agricoles et industriels.

D'autre part, les colons peuvent se procurer tous les renseignements qu'ils désirent sur le Maroc en s'adressant, soit à l'*Office du Gouvernement Chérifien et du Protectorat de la République Française au Maroc*, 31, Galerie d'Orléans, Palais-Royal, à Paris (Tél. Central 75-63), soit à la Direction de l'Agriculture, du Commerce et de la Colonisation à la Résidence générale, à Rabat. *Les Bureaux de renseignements* dans les petits centres (les « Bureaux économiques régionaux » à Rabat et à Casablanca) les Services municipaux dans les autres villes peuvent également ment donner d'utiles renseignements d'ordre local.

IMMIGRATION

La progression de la population française et européenne au Maroc est la plus remarquable que relate l'histoire coloniale de la France. Ce fut seulement vingt-cinq années après notre arrivée en Tunisie que la colonie française atteignit dans la Régence un chiffre supérieur à celui que connaît aujourd'hui le Maroc. Au 1er janvier 1911, la population française du Protectorat s'élevait à 26.000 âmes pour une population européenne de 50.000 âmes.

Les principales villes vers lesquelles se portent les colons et immigrants sont : *Casablanca, Rabat-Salé, Kénitra, Mazagan, Saffi, Mogador, Marrakech, Meknès, Fez, Oudjda.*

COUT DE L'EXISTENCE

Par suite de cet afflux rapide de population européenne le coût de la vie a atteint des prix élevés dans certaines villes du Maroc.

On verra plus loin en annexe des renseignements précis sur le prix de la vie.

MAIN-D'ŒUVRE

Au coût élevé de l'existence dans les villes, correspondent des salaires relativement forts. La main-d'œuvre agricole est presque uniquement indigène. Des journaliers espagnols et italiens sont en outre employés dans les centres de colonisation. Dans les villes, les ouvriers maçons, menuisiers, terrassiers, sont Européens. Voici quelques indications sur les salaires quotidiens :

EMPLOIS.	PAR JOUR :
Contre-maître de chantier.....	18 à 20 francs.
Maître-maçon européen.......	12 à 16 —
Maçon.....................	10 à 12 —
Terrassier......	8 à 10 —

CONSEILS AUX IMMIGRANTS

Un ménage français ne devrait pas songer à s'installer au Maroc s'il ne dispose d'un petit capital de 8 à 10.000 fr. (à moins qu'il ne soit assuré d'une situation d'employé ou de fonctionnaire). Celui qui cherchera à s'installer comme commerçant ou petit industriel devra calculer minutieusement à l'avance ses chances de gain avant de se lancer dans une entreprise quelconque. Il serait imprudent d'entreprendre une affaire d'agriculture ou d'élevage à moins de disposer d'un capital de 25 à 30.000 francs.

Il semble que, pour l'instant du moins, les nouveaux colons agricoles ont intérêt à s'installer à proximité d'un port, dans une région fertile et calme, à s'occuper d'abord d'élevage avec les indigènes, tout en recherchant une terre à acheter, sur laquelle il est bon qu'ils se bornent au début à pratiquer l'élevage et les cultures suivant les usages locaux sans vouloir importer trop vite les méthodes modernes.

Il n'existe pas encore au Maroc de chemins de fer, en dehors des petits chemins de fer stratégiques utilisés surtout pour les besoins militaires. Un réseau de routes est en cours d'exécution exécuté au fur et à mesure des disponibilités budgétaires. On pratique également des améliorations de pistes, et, pour les rendre carrossables, on exécute les travaux d'art, de terrassement et d'empierrement indispensables.

Les futurs colons, industriels ou commerçants d'une ville de

France, auraient intérêt à se cotiser au préalable pour envoyer au Maroc, aux moindres frais, un des leurs choisi parmi les plus sérieux et les plus travailleurs. Ce petit voyage d'études lui permettrait de juger s'il y a lieu, pour ses cotisants et pour lui-même, de persévérer dans leurs projets.

HYGIÈNE

User le moins possible de l'alcool et des boissons fermentées. Prendre les précautions que l'on prend dans tous les pays de l'Afrique du Nord contre les fièvres. Se faire vacciner contre la fièvre typhoïde.

SERVICE MÉDICAL

Dans le Maroc occidental des médecins civils sont installés à Casablanca, Rabat, Fez, Marrakech, etc., et l'on trouve dans les principaux centres des pharmaciens bien approvisionnés. En outre, les civils sont admis et traités dans les formations sanitaires militaires, à charge de remboursement à taux journaliers fixé par les règlements, des frais d'hospitalisation.

Ajoutons qu'il existe un Institut anti-rabique à Rabat.

TOURISME

Malgré l'absence de chemins de fer commerciaux, malgré le petit nombre de routes carrossables en tout temps, il n'est point prématuré de parler de tourisme au Maroc. On ne saurait trop engager les touristes à venir passer les belles saisons (le printemps et l'automne) au Moghreb el Aqça, demeuré si longtemps rebelle à l'influence de la civilisation européenne. Ce n'est pas seulement Rabat, la perle de l'Océan, et Salé, l'ancien repaire des pirates, deux villes blanches à l'entrée du Bou Regreg dominé par la curieuse tour Hassan qu'il faut visiter [1]. Le

1. Consulter la plaquette « *Rabat-Salé. Promenades et simples esquisses* », par Maurice Lasvigne, en vente à la Librairie Nazy et à la Librairie Cousin à Rabat.

Méchouar de Meknès, la cité romaine de Volubilis, Fez, la cité sainte du Chérif Moulay Idriss avec ses architectures imitées de l'Alhambra et son caractère si médiéval, réservent aux touristes tout ce qu'ils pourront désirer d'imprévu. Enfin, par Marrakech, où la Koutoubia contemporaine de la Giralda de Séville attirera les amateurs d'art, et les villes curieuses de Mogador, Safli et Mazagan la Portugaise, le visiteur pourra terminer son voyage d'agrément au Maroc, sans oublier naturellement de pousser une pointe sur un des flancs boisés de l'Atlas où vit encore, dans son état social primitif, la race berbère, l'élément indigène le plus répandu dans le pays.

Des Sociétés privées organisent soit des croisières sur les côtes marocaines, soit des caravanes pour l'intérieur, soit même des excursions en automobile (Casablanca-Rabat-Meknès-Fez et retour. — Casablanca-Magazan-Marrakech-Mogador-Safli-Mazagan et retour [1].

SERVICE MILITAIRE

Voici sous quelles conditions les Français résidant au Maroc sont astreints aux obligations militaires en temps de paix :

Ces jeunes gens, quelle que soit la zone de leur résidence, accompliront *une seule année de service* dans un des corps de troupe stationnés dans le protectorat, mais devront y conserver leur établissement jusqu'à l'âge de trente ans ; s'ils rentraient avant cet âge dans la Métropole, ils devraient compléter le temps de service légal.

Le Ministre de la Guerre a décidé que le bénéfice de ces dispositions serait étendu aux jeunes gens *qui ont été incorporés dans la Métropole*, mais qui résidaient au Maroc *avant leur incorporation* ; ils pourront donc être libérés, sur leur demande, s'ils ont effectué une année de service au moins, sous la réserve de retourner au Maroc et d'y résider comme il est indiqué ci-dessus.

Toutefois, après leur libération, tous ces réservistes pourront,

---

1. Voir aux annexes une note relative aux routes, régions et tribus que le Gouvernement marocain considère comme sûres pour la circulation.

en cas de force majeure et principalement pour raisons de santé, être autorisés à faire en France des séjours de courte durée n'ayant pas le caractère d'un établissement définitif dans la Métropole.

COMMUNICATIONS POSTALES ET TÉLÉGRAPHIQUES

Taxes d'affranchissement applicables aux correspondances déposées dans les bureaux français du Maroc et à destination de la France, l'Algérie, la Tunisie, la Corse, la République du Val d'Andorre (bureaux français) :

Lettres (poids maxima, 1 kilog.) :

	F. H.
Jusqu'à 20 grammes......	0 10
De 20 grammes à 50 grammes...................	0 15
De 50 grammes à 100 grammes...................	0 20

Au-dessus de 100 grammes : 0 05 par 50 grammes.

Cartes postales simples..........................	0 10
Cartes postales avec réponse payée..................	0 20

Papiers d'affaires :

Jusqu'à 20 grammes........................... 0 05

Au-dessus de 20 grammes : tarif des lettres.

Échantillons : jusqu'à 50 grammes, 0 05 par 50 grammes.

Journaux et écrits périodiques (par chaque exemplaire) :

Jusqu'à 50 grammes......................... 0 02

Au-dessus de 50 grammes, 0 01 par 25 grammes ou fractions de 25 grammes.

Imprimés ordinaires (poids maximum 3 kilog.), sous bandes :

Jusqu'à 15 grammes...........................	0 02
Au-dessus de 15 grammes jusqu'à 50 grammes.....	0 03
Au-dessus de 50 grammes jusqu'à 100 grammes....	0 05

Au-dessus de 100 grammes, 0 05 par 100 grammes ou fraction de 100 grammes.

Sous enveloppe ouverte : 0 05 par 100 grammes.

Droit fixe de recommandation :

Lettres ordinaires et cartes postales............... 0 25

Journaux, imprimés, papiers d'affaires et échantillons... 0 10

Les prix des télégrammes sont :

De France à Tanger ou *vice versa*....... 0 fr. 20 le mot

De France aux bureaux du Maroc fran-
çais.................................... 0 fr. 45 —

Du Maroc occidental en Algérie et *vice
versa*................................. 0 fr. 40 —

Dans l'intérieur du Maroc.............. 0 fr. 10 —

De l'intérieur du Maroc à Tanger ou *vice
versa*................................. 0 fr. 25 —

Colis postaux.

Les colis postaux ne dépassant pas le poids de 5 kilos et de 10 kilog. peuvent être échangés entre la France et le Maroc. Les taxes à payer pour l'affranchissement sont perçues conformément aux indications du tableau ci-après :

Voie des paquebots français	Taxe non compris le droit (Timbre) de 0 fr. 10	Droit additionnel d'assurance par 300 fr. ou fraction de 300 fr.	Limite de dimension	Limite de volume	Nombre de déclarations en douane
De 0 à 5 kilog...	1 50	0 20	60 centimètres (1)	25 décim. cubes	2
De 5 à 10 kilog...	2 50	0 20	1m50	55 décim. cubes	2

(1) Par exception sont admis les colis contenant des cannes, parapluies, plans ou cartes en rouleau, toiles, étoffes enroulées, ne dépassant pas 1m06, pourvu que ces envois aient une faible épaisseur et ne soient pas encombrants.

Localités admises au service des colis postaux.

Casablanca.	Mazagan.	Mogador.
Rabat [1].	Saffi.	Kenitra [1].

1. Les colis postaux à destination de Kenitra et Rabat arrivent plus rapidement s'ils portent en évidence la mention « *viâ Marseille* ».

Départs directs de Marseille pour Casablanca le samedi de chaque semaine, par les paquebots de la Compagnie Paquet.

Départs de Marseille pour Tanger (*via* Oran) tous les huit jours le mercredi, par les paquebots de la Compagnie de Navigation mixte.

Départs de Bordeaux les 2, 10, 18 et 25 de chaque mois, par la Compagnie Générale Transatlantique.

Nota. — Lorsque les paquebots ne peuvent communiquer avec les ports de Larache, Rabat et Saffi, qui sont parfois inaccessibles, les colis sont débarqués dans un port voisin : Tanger pour Larache, Casablanca pour Rabat et Mazagan pour Saffi, d'où les destinataires les font retirer à leurs frais et par les moyens à leur disposition.

Tout colis postal doit être emballé d'une manière qui réponde à la durée du transport et qui préserve assez efficacement le contenu pour qu'il soit impossible d'y porter atteinte sans laisser une trace apparente de violation.

Il est indispensable que les colis postaux parviennent, au plus tard, au port d'embarquement, *l'avant-veille* du départ du paquebot.

ORGANISATION ADMINISTRATIVE ET JUDICIAIRE

Le Protectorat français a été organisé dans l'Empire chérifien par le traité conclu entre la France et le Maroc le 30 mars 1912.

Le Gouvernement français est représenté auprès du Sultan par le Commissaire Résident général qui est le dépositaire de tous les pouvoirs de la République au Maroc et qui dirige tous les services administratifs.

Les services de la Résidence sont actuellement installés à Rabat.

L'organisation judiciaire du Protectorat français comprend des justices de paix à compétence étendue à Rabat, Casablanca, Oudjda, Saffi, Fez, Mazagan, Mogador et Marrakech ; des tribunaux de première instance à Casablanca et à Oudjda ; une cour d'appel à Rabat.

D'une façon générale, le juge de paix est compétent jusqu'à 500 francs en dernier ressort et jusqu'à 1.000 francs en premier ressort, c'est-à-dire sauf appel devant le Tribunal de première instance. Au-dessus de 1.000 francs, c'est le Tribunal de première instance qui devient compétent, en dernier ressort jusqu'à 3.000 francs, et au delà, en premier ressort, c'est-à-dire sauf appel devant la Cour. Ces règles comportent un certain nombre d'exceptions précisées par les textes du Dahir sur la procédure civile (*Bulletin officiel* du 12 septembre 1913).

La procédure suivie est spéciale au Maroc. Il n'y a ni avoués, ni avocats-défenseurs, ni huissiers. En justice de paix, la procédure débute par une requête écrite et signée du demandeur ou de son mandataire, ou par sa comparution accompagnée d'une déclaration dont procès-verbal est dressé par le Secrétaire-Greffier. Toute partie domiciliée hors du ressort doit faire élection de domicile au lieu où siège le Tribunal de paix ; la constitution d'un mandataire vaut élection de domicile chez celui-ci qui n'est valablement désigné que s'il a lui-même domicile réel ou élu dans le ressort. La suite de la procédure, d'ailleurs très simple et qui se ramène à un appel des parties en conciliation, puis, à l'audience, si un arrangement n'a pu intervenir, a lieu par voie de notifications assurées par le Secrétaire-Greffier.

Devant le tribunal, l'instance est introduite par une requête déposée au Secrétariat et signée de la partie ou de son mandataire. Si le mandataire n'est pas un avocat, il doit justifier de son mandat. Toute partie domiciliée en dehors du ressort doit faire élection de domicile au lieu où siège le Tribunal. La procédure ainsi engagée est dirigée par un juge rapporteur. Elle se poursuit par voie de notifications émanant du Secrétariat.

Devant la Cour d'appel, la procédure est la même que devant le Tribunal de première instance.

ENSEIGNEMENT

Depuis la création du Protectorat, de grands efforts ont été faits pour développer les œuvres d'enseignement et mettre à la disposition, tant des colons que des indigènes, des institutions scolaires appropriées aux besoins actuels du pays.

A Casablanca, il existe un lycée de garçons, une école secondaire de jeunes filles, et plusieurs écoles primaires et maternelles qui comptent déjà près de 4.000 enfants. A Rabat, une école supérieure de langue arabe et de dialectes berbères permet aux fonctionnaires et colons d'acquérir la connaissance des langues indigènes. En outre, il existe des écoles franco-arabes et des écoles françaises à Rabat, Marrakech, Fez, Meknès, Saffi, Mogador, Mazagan, Kenitra, Fedala, Ber-Rechid, Settat, etc... ainsi que dans les principaux centres du Maroc oriental.

Tanger possède aussi un collège français, des cours secondaires de jeunes filles, des écoles françaises et franco-arabes.

De plus en plus les œuvres d'enseignement dans le Protectorat sont l'objet de la préoccupation et de la sollicitude du Résident général.

Dans les grands centres, les bâtiments en bois qui ont abrité des milliers d'enfants dans les premiers mois de l'occupation française ont fait place à des constructions en pierre.

Le contrôle de la direction de l'enseignement s'exerce non seulement sur les écoles du Protectorat mais sur tous les établissements fondés et entretenus par l'Alliance israélite à laquelle une subvention a été accordée et des bâtiments concédés.

La clientèle scolaire de tous les établissements relevant du Protectorat est d'environ quinze mille enfants.

Bulletins, Revues ou Ouvrages à consulter.

Bulletin Officiel du Protectorat (édition française hebdomadaire, 18 fr. par an, France et Colonies ; 20 fr. étranger).

L'Afrique Française (organe du Comité du Maroc, mensuel, 21, rue Cassette, Paris : 20 fr. par an).

La Revue Marocaine (Paris, 6, rue Auguste-Maquet, hebdomadaire : 24 fr. par an).

Recueil de législation et de jurisprudence marocaines (Paris, 33, Chaussée d'Antin : 12 fr. par an).

E. Aubin. — *Le Maroc d'aujourd'hui* (Paris, librairie Colin : 5 francs).

A. BERNARD. — *Le Maroc* (Paris, librairie F. Alcan : 5 fr.).

M. BOUROTE. — *Pour coloniser au Maroc* (Paris, librairie Hachette : 2 fr.).

GAUDEFROY-DEMOMBYNES et MERCIER. — *Manuel d'Arabe Marocain* (Paris, librairie Guilmoto : 6 fr. 50).

J. GOULVEN. — *Précis élémentaire de législation et d'économie marocaines* (Librairie Marcel Rivière, Paris).

D. HOLTZ. — *Traité de Législation marocaine* (Paris, édition des Juris-Classeurs : 10 francs).

E. LARCHER. — *Les Codes marocains* (Paris, librairie Rivière : 10 francs).

M. DE ALDECOA. — *Cours d'Arabe Marocain* (Paris, Guilmoto : 3 fr. 50).

Principaux journaux.

1º *La Dépêche marocaine* (Tanger) : 28 francs par an.
2º *La Vigie marocaine* (Casablanca) : 44 francs par an.
3º *La Presse marocaine* (Casablanca) : 36 francs par an.
4º *Le Progrès marocain* (Casablanca) : 20 francs par an.
5º *L'Écho du Maroc* (Rabat) : 34 francs par an.

ANNEXES

I. — NOTE

relative aux routes, régions et tribus que le Gouvernement marocain considère comme sûres pour la circulation ou le séjour des étrangers.

Les routes, régions ou tribus autres que celles portées sur cette liste sont considérées par le Makhzen comme dangereuses pour le séjour et la circulation des étrangers et le Gouvernement du Protectorat ayant décliné toute responsabilité pour ce qui pourrait leur y survenir de fâcheux, les étrangers ne peuvent y séjourner ou y circuler qu'à leurs risques et périls.

I. — ROUTES POUVANT ÊTRE SUIVIES PAR LES EUROPÉENS :

Fez-El-Ksar : Par Hadjer el Ouakef sur le Sebou (Route à l'Ouest de la route d'Ouarra).

Fez-Mehedya-Rabat : Par Fort-Petitjean, Lalla Ito — Kenitra.

Meknès-Rabat : Par Petitjean, Lalla Ito — Kenitra.

Rabat-Casablanca : Directe par Bou Znika — Fedalah.

Casablanca-Marrakech : par Settat — Mechra Ben Abou-Ben Guerir.

Casablanca-Mazagan-Saffi-Mogador : Route côtière.

Mazagan-Marrakech : Directe par Guerando, les Djebilet.

Saffi-Marrakech : Direct.

Mogador-Marrakech : Route du Nord par Souk et Tleta el Hanchen — Zaouïa Sidi Moktar — Nzala Chichaoua.

II. — TRIBUS OÙ LES EUROPÉENS PEUVENT CIRCULER OU SÉJOURNER SANS DANGER.

Région de Fez : Tribus limitrophes de Fez dans un rayon de 20 kilomètres.

Toutes les tribus de la Région de Meknès, en se limitant au Sud à la ligne des postes : El Hadjeb-Agouraï.

Région de Rabat : Tribus du Rharb, à l'exception de celles limitrophes d'Ouezzan dans un rayon de 15 kilomètres.

Tribus des Beni Hassen et des Zemmour : Fractions situées au Nord de la route d'étapes Meknès-Rabat qui passe par Souk el Arba des Zemmour, Tiflet, Camp Monod.

Zaërs : Limités à l'Est par le Grou ; au Sud, par les crêtes de Sidi Lakhar ; à l'Ouest et au Nord, par le territoire des Arab et le Bou Regreg.

Région Chaouïa : Toutes les tribus Chaouïa et les Beni Meskin.

Région Doukkala-Abda. — Doukkala, Chiadma-Chtouka de la rive droite de l'Oum er Rebia, Abda-Ahmar.

Région de Marrakech : Rehamna, Guich, Ouled bes Seba, Chiadma, Sraghna, Zemran, Tameslouhet, Tassoultanet, Saada, Bourja, Agafaï, Arouatine, Oulad el Ghuern, Gheanma, Oulad Jahia, Arronssiine, Zaouïa ben Sassi, Oulad Yala, Tidrariin, Frouga, Myat, Oulad Mta, Messioua, Ourika, Gheraia-Sektana, Guedmioua.

Toutefois, pour toutes les tribus ou les territoires de la région de Marrakech cités ci-dessus, le Makhzen ne considère comme sûre que la partie de ces tribus ou territoires situés en plaine ; en pratique, le Makhzen considère que les étrangers ne devraient ni circuler ni séjourner au Sud d'une ligne suivant le pied de l'Atlas et passant par Souk Tleta d'Iminzat, par les limites Sud du bled Armat, du bled Haouratine, passant par Oumnast (Dar Omar Sektani), par Amismiz (inclus), par Dar En Nems (inclus).

(Mai 1914).

II. RELEVÉS MÉTÉOROLOGIQUES

Année 1914

I. — TEMPÉRATURE

	Janvier			Février			Mars			Avril			Mai		
	maximum	minimum	moyenne	maximum	minimum	moyenne	maximum	minimum	moyenne	maximum	minimum	moyenne	maximum	minimum	moyenne
Fez	16	-2	8.7	21	5	10.7	21	5	13.1	26	7	15	28	14	19.4
Rabat	21	3	13.1	27.5	5.5	11.7	26	4	15.8	31	5.5	16.9	30	5.5	19.4
Casablanca	18.2	0	9.7	27.8	7	14.6	25.8	6.7	16	25	5.4	11.8	28.8	7	17.5
Safi	20.2	2	12.1	28	8	15.1	26	7.5	16.5	29	12.5	19.2	33	13	22.8
Marrakech	21	-3	9.6	26	2.5	11.3	23.7	7.6	15.1	37	6	16.2	37	8.5	21.7

	Juin			Juillet			Août			Septembre			Octobre			Novembre			Décembre		
	maximum	minimum	moyenne	maximum	minimum	moyenne	maximum	minimum	moyenne	maximum	minimum	moyenne	maximum	minimum	moyenne	maximum	minimum	moyenne	maximum	minimum	moyenne
Fez	28.5	11	20.3	38.5	16	23.8	38	18	26.1	37	18	25.1	33	11	20	19	9	14	16.5	5	[illegible]
Rabat	36	9	20.5	33	8	22.1	41	9	22.5	37.5	7	22.6	36	9	18	27	7	15	23.5	3	[illegible]
Casablanca	27	11.6	19	31.6	12	21.9															
Safi	32	14	22.8	38	20	28.3	40	20.3	27.8	32	20	25.2	35	11	22.1	21.5	11.5	17.8	19.5	8.5	[illegible]
Marrakech	32.5	13	21.6	45	11.1	26.3	43.5	16	26.7	39.5	14	21.5	33	8.5	19.7	26	7	11.8	20.5	2	[illegible]

II. — PLUVIOMÉTRIE

	Janvier		Février		Mars		Avril		Mai		Juin	
	quantité	jours	quantité	jours	quantité	jours	quantité	jours	quantité	jours	quantité	jours
Fez	199.1	12	130.7	13	35.7	5	59	8	0.7	1	0	0
Rabat	120.8	11	96.9	16	51.8	6	47	10	1.5	3	7	3
Casablanca	304	10	56.6	13	11.71	7	18.1	12	1.9	2	0	0
Safi	21.5	8	97.2	10	10.2	5	36	4	2	1	0	0
Marrakech	69	8	51.9	9	67.6	5	61.9	7	1	2	0	0

	Juillet		Août		Septembre		Octobre		Novembre		Décembre		TOTAL quantité	Nombre de jours
	quantité	jours	quantité	jours	quantité	jours	quantité	jours	quantité	jours	quantité	jours		
Fez	8	2	0	0	3.25	2	51	5	101.5	12	102	10	691.2	70
Rabat	8.3	2	0	0	0	0	11.3	6	112.9	14	101.7	13	625.2	84
Casablanca	0	0	0	0	0	0								
Safi	0	0	0	0	0	0	23	3	29.2	13	18.1	8	290.5	52
Marrakech	0	0	2.7	1	0	0	21.3	8	162.3	15	11.9	6	482.6	62

III. COUT DE L'EXISTENCE
A. — ALIMENTATION ET SERVICE
(Prix pratiqués avant la guerre.)

NATURE DES DENRÉES	QUANTITÉS	CASABLANCA	RABAT	MARRAKECH	FEZ	OUDJDA
Pain	Le kilo	0,60	0,80	1 »	0,95	0,50
Viande de bœuf	id.	3,50	2,10	1,40	1,40	2,20 à 3,20
Viande de mouton	id.	3,50	2,50	1,25	1,40	2,20 à 3,20
Viande de porc	id.	2,50	3 »	1,25	1,40	2,20 à 3,20
Poisson	id.	1,50 à 3 »	2 » à 4 »	—	2 »	2,50 à 3 »
Lait frais	Le litre	0,90	0,75	..	0,40	0,60
Volailles	La tête	2,50 à 4 »	3 » à 6 »	1,50 à 3 »	1,25	2,50 à 3,30
Œufs	Le cent	8 » à 9 »	10 »	6,25	7,25	10 » à 12,50
Vin	Le litre	0,50 à 0,70	0,60 à 0,80	1 »	1,50	0,40
Eaux minérales	La bouteille	0,55 à 0,80	1 » à 1,50	1,50	2 »	0,70 à 1 »
Beurre	Le kilo	5 »	4,50 à 5 »	6 »	6 »	5,50
Sucre	id.	0,60	0,75	1 »	1,25	0,90
Café	id.	3 » à 3,50	5 » à 6 »	3,50	3,50	2,50 à 4,50
Sel fin	id.	0,20	0,30	0,40	0,90	0,20
Pâtes	id.	0,90 à 1,20	1,40 à 2,80	2 »	1,20	1,40
Conserves de viande	La livre	1,50 à 2,75	1,50	2,50 à 3 »	1,80	2,25 à 3 »
Alcool	Le litre	1 »	1 »	1 »	1,25	1,25
Pétrole	Caisse de 2 bidons	12 »	16 »	20 »	10 »	0,50 le litre
Charbon de bois	Les 100 kilos	15 »	10 » à 12 »	20 »	20 »	12 »
Charbon de terre	id.	3 »	—	—	—	—
Bougies	Le paquet	0,70	0,40 les 6 boug. anglaises	0,60	1,50 les 12	—

SERVICE

		CASABLANCA	RABAT	MARRAKECH	FEZ	OUDJDA
Domestiques européens	Cuisinière	120 s. l.	125 n. et l.	350	300	70 l. et n.
	Domestique homme	50 à 60 n.	150 ni l. ni n. 90 l. et n.	250	150	3,50 par jour
Domestiques indigènes	Cuisinier	100 s. l.	90 à 150 n.	40	70	—
	Valet de chambre	50 à 60 s. l.	—	35	id	—
	Femme de chambre	35 à 40 s. l.	60	30	50	—

ABRÉVIATIONS : *l.* logé ; *n.* nourri ; *s. l.* sans logement ; *s. n.* sans nourriture.

COUT DE L'EXISTENCE
B. — LOGEMENT ET HOTELS

Nature des logements	Quantités	Casablanca(1)	Rabat (1)	Marrakech	Fez	Oujda
Maison indigène	1 pièce	40 »	50 » 60 »	25 »	—	30 »
	2 pièces, 1 cuisine	—	—	65 »	—	—
	3 »	150 »	150 à 200 »	—	70 » à 90 »	120 à 130 »
	4 »	200 »	250 »	80 à 100 »	—	150 à 175 »
	5 »	225 à 250 »	—	110 à 200 »	—	—
Villa européenne	1 pièce	50 »	60 à 75 »	—	—	—
	3 pièces, 1 cuisine	175 »	200 env.	—	—	130 à 150 »
	4 »	225 »	250 à 275 »	—		170 à 250 »
	5 »	250 à 500 »	—	—	—	—
Chalet en bois	1 pièce	30 »	60 à 90 »	—	—	—
	3 pièces, 1 cuisine	—	150 à 160 »	—	—	—
	4 »	—	200 »	.	—	—
	5 »	—	—	—	—	—

N. B. — Ces chiffres s'entendent au mois.

		Casablanca(1)	Rabat (1)	Marrakech	Fez	Oujda
Journée d'hôtel	Chambre et Table	» à 20 »	10 » à 16 »	8 » à 15 »	10 » à 20 »	7.50 à 12 »
Pension par mois pour ouvrier	Chambre et Table	150 » à 180 »	100 »	90 »	120 »	70 » à 80 »
Pension pour employé, fonctionnaire, officier	Chambre / Table	80 » à 120 » / 100 » à 120 »	120 »	—	150 »	100 »
Suppléments	Petit déjeuner	0.40 à 0.60	0.75	1 »	0.50 à 0.75	0.75 à 2 »
	Vin ordinaire	0.60	0.80	1.50	1.50	—
	Eau minérale	0.70 à 1 »	1 » et 1.50	1.50	2 »	0.70 à 1.10
	Café	0.30	0.30	0.40	0.40	0.30

(1) Il existe à Rabat et Casablanca des maisons de rapport où les appartements sont d'un loyer moins élevé que celui des villas.

TABLE DES MATIÈRES

	Pages.
Voyages	5
Situation géographiques et climat	15
Les principales villes du Protectorat	16
Propriété foncière	22
Entreprises agricoles et d'élevage	24
Exploitation forestière	30
Exploitation minière	32
Pêche	33
Régime douanier	36
Crédit et monnaie	40
Poids et mesures	43
Mouvement général du commerce	43
Commerce de gros	45
Commerce de demi-gros et de détail	47
Industrie	48
Conseils aux industriels et négociants français	48
Renseignements économiques et commerciaux	61
Immigration	62
Coût de l'existence	62
Main-d'œuvre	62
Conseils aux immigrants	63
Hygiène	64
Service médical	64
Tourisme	64
Service militaire	65
Communications postales	66

s postaux.. 67

nisation administrative et judiciaire................ 68

ignement... 69

etins, revues ou ouvrages à consulter............... 70

ANNEXES :

Routes et régions où l'Européen peut circuler en
toute sécurité................................... 72

Relevés météorologiques 1914.................... 74

Coût de l'existence : { Alimentation et service...... 76
{ Logements et hôtels.......... 77

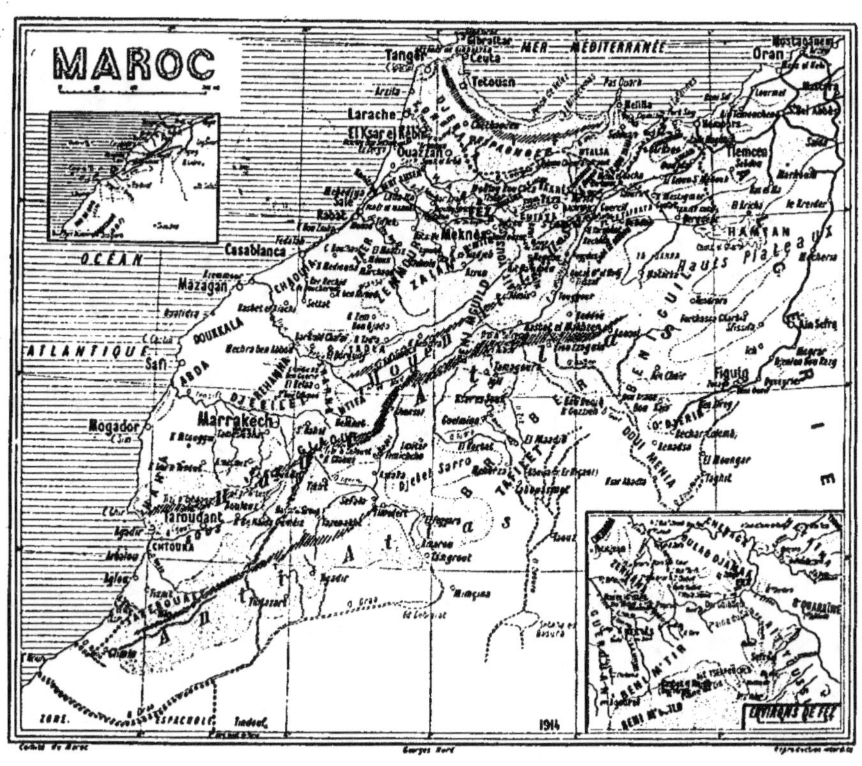

MAROC
OCÉAN
ATLANTIQUE
MER MÉDITERRANÉE
Tanger
Ceuta
Gibraltar
Tetouan
Arzila
Larache
El Ksar el Kebir
Ouazzan
Melilla
Oran
Mostaganem
Tlemcen
Salé
Rabat
Meknès
FEZ
Casablanca
Fedala
Mazagan
Safi
Mogador
DOUKKALA
ABDA
CHAOUIA
Marrakech
Taroudant
CHTOUKA
Agadir
Arbalou
Iglou
DJEBILET
Hauts Plateaux
BENI GUIL
DOUI MENIA
Figuig
Kenadsa
Djebel Sarro
ANTI ATLAS
HAUT ATLAS
ZONE ESPAGNOLE
1914
ENVIRONS DE FEZ